Oswald Spengler

Der Mensch

und die Technik

Beitrag zu einer Philosophie des Lebens

Oswald Spengler: Der Mensch und die Technik. Beitrag zu einer Philosophie des Lebens

Erstdruck: München: Beck, 1931.

Neuausgabe
Herausgegeben von Karl-Maria Guth
Berlin 2016

Der Text dieser Ausgabe folgt:
Oswald Spengler: Der Mensch und die Technik. Beitrag zu einer Philosophie des Lebens, München: Beck, 1931.

Die Paginierung obiger Ausgabe wird hier als Marginalie zeilengenau mitgeführt.

Umschlaggestaltung von Thomas Schultz-Overhage

Gesetzt aus der Minion Pro, 11 pt

Verlag: Henricus - Edition Deutsche Klassik GmbH
Mörchinger Str. 33, 14169 Berlin, info@henricus-verlag.de
Druck: Libri Plureos GmbH, Friedensallee 273, 22763 Hamburg

Die Ausgaben der Sammlung Hofenberg basieren auf zuverlässigen Textgrundlagen. Die Seitenkonkordanz zu anerkannten Studienausgaben machen Hofenbergtexte auch in wissenschaftlichem Zusammenhang zitierfähig.

ISBN 978-3-8430-8999-9

Bibliografische Information der Deutschen Nationalbibliothek

Die Deutsche Nationalbibliothek verzeichnet diese Publikation in der Deutschen Nationalbibliografie; detaillierte bibliografische Daten sind im Internet über www.dnb.de abrufbar.

Vorwort

Ich lege auf den folgenden Seiten eine kleine Anzahl von Gedanken vor, die ich einem größeren Werk entnommen habe, an dem ich seit Jahren arbeite. Es war meine Absicht, die Betrachtungsweise, welche ich im »Untergang des Abendlandes« ausschließlich auf die Gruppe der hohen Kulturen angewandt hatte, nun an deren historischer Voraussetzung, *der Geschichte des Menschen von seinem Ursprung* an, zu erproben. Ich habe bei jenem Werk die Erfahrung gemacht, daß die meisten Leser nicht imstande sind, den Überblick über die ganze Gedankenmasse zu behalten, daß sie sich deshalb in die ihnen geläufigeren Einzelgebiete verlieren und das übrige schief oder gar nicht sehen und infolgedessen ein falsches Bild gewinnen sowohl von dem, was ich sagte, als von dem, wovon es gesagt war. Es ist nach wie vor meine Überzeugung, daß man das Schicksal des Menschen nur verstehen wird, wenn man *alle* Gebiete seines Wirkens *zugleich, vergleichend,* betrachtet und nicht den Fehler begeht, etwa von der Politik, der Religion oder der Kunst allein aus einzelne *Seiten* seines Daseins zu erleuchten in dem Glauben, damit *alles* erschlossen zu haben. Trotzdem wage ich den Versuch, hier eine kleine Anzahl von Fragen zu stellen, die in sich zusammenhängen und deshalb wohl geeignet sind, einen vorläufigen Eindruck von dem großen Geheimnis des Menschenschicksals zu gewähren.

Die Technik als Taktik des Lebens

1

Das Problem der Technik und ihres Verhältnisses zu Kultur und Geschichte taucht erst im 19. Jahrhundert auf. Das achtzehnte hatte mit der gründlichen Skepsis, dem Zweifel, welcher der Verzweiflung gleichkommt, die Frage nach Sinn und Wert der *Kultur* gestellt – eine Frage, die zu weiteren, immer zersetzenderen Fragen führte und damit die Grundlagen der Möglichkeit schuf, im 20. Jahrhundert, heute, die Weltgeschichte überhaupt als Problem zu sehen.

Damals, im Zeitalter von Robinson und Rousseau, der englischen Parks und der Schäferpoesie, hatte man im »ursprünglichen« Menschen selbst eine Art von Schäflein gesehen, friedlich und tugendhaft und später nur durch die Kultur verdorben. Technisches übersah man vollständig und hielt es jedenfalls – moralischen Betrachtungen gegenüber – der Beachtung nicht für wert.

Aber die seit Napoleon ins Riesenhafte wachsende Maschinentechnik Westeuropas mit ihren Fabrikstädten, Eisenbahnen und Dampfschiffen zwang endlich dazu, das Problem ernstlich zu stellen. Was bedeutet Technik? Welchen Sinn innerhalb der Geschichte, welchen Wert im Leben der Menschen, welchen sittlichen oder metaphysischen Rang hat sie? Es gab zahlreiche Antworten darauf, aber sie lassen sich im Grunde auf zwei zurückführen.

Auf der einen Seite waren es die Idealisten und Ideologen, die Nachzügler des humanistischen Klassizismus der Goethezeit, welche technische Dinge und Wirtschaftsfragen überhaupt als außerhalb und *unterhalb* der Kultur stehend verachteten. Goethe in seinem großen Sinn für alles Wirkliche hatte im zweiten Faust versucht, in die tiefsten Tiefen dieser neuen Tatsachenwelt einzudringen. Aber schon bei Wilhelm von Humboldt beginnt die wirklichkeitsfremde, philologische Ansicht der Geschichte, wonach man schließlich den Rang einer historischen Epoche an der Menge von Bildern und Büchern abzählte, die damals entstanden waren. Ein Herrscher besaß nur dann Bedeutung, wenn er sich als Mäzen bewährte. Was er sonst noch war, kam nicht in Betracht. Der Staat war eine beständige Störung der wahren Kultur, die in Hörsälen, Gelehrtenstuben und Ateliers vor sich ging, der Krieg eine unwahrscheinliche Barbarei aus vergangenen Zeiten und die Wirtschaft irgend etwas Prosaisches und Dummes, über das man hinwegsah, obwohl man es täglich in Anspruch nahm. Einen großen Kaufmann oder Ingenieur neben Dichtern und Denkern zu nennen war beinahe Majestätsbeleidigung gegenüber der »wahren« Kultur. Man sehe sich daraufhin Jakob Burckhardts »Weltgeschichtliche Betrachtungen« an. Aber das war der Standpunkt der meisten Kathederphilosophen und selbst vieler Historiker bis herab zu den Literaten und Ästheten heutiger Großstädte, welche die Anfertigung eines Romans für wichtiger halten als die Konstruktion eines Flugzeugmotors.

Auf der andern Seite stand der Materialismus von wesentlich englischer Herkunft, die große Mode der Halbgebildeten in der zweiten Hälfte des vorigen Jahrhunderts, der liberalen Feuilletons und radikalen Volksversammlungen, der Marxisten und der sozialethischen Schriftsteller, die sich für Denker und Dichter hielten.

Fehlte es jenen an Sinn für die Wirklichkeit, so diesen in bestürzendem Grade an Tiefe. Das Ideal war ausschließlich der *Nutzen*. Was der »Menschheit« nützlich war, gehörte zur Kultur, *war* Kultur. Das andre war Luxus, Aberglaube oder Barbarei.

Aber nützlich war, was dem »Glück der Meisten« diente. Und Glück bestand im Nichtstun. Das ist im letzten Grunde die Lehre von Bentham, Mill und Spencer. Das Ziel der Menschheit bestand darin, dem einzelnen einen möglichst großen Teil der Arbeit abzunehmen und der Maschine aufzubürden. Freiheit vom »Elend der Lohnsklaverei« und Gleichheit im Amüsement, Behagen und »Kunstgenuß«: das *»panem et circenses«* der späten Weltstädte meldet sich an. Die Fortschrittsphilister begeisterten sich über jeden Druckknopf, der eine Vorrichtung in Bewegung setzte, die – angeblich – menschliche Arbeit ersparte. An Stelle der echten Religion früher Zeiten tritt die platte Schwärmerei für die »Errungenschaften der Menschheit«, worunter lediglich Fortschritte der arbeitersparenden und amüsierenden Technik verstanden wurden. Von der Seele war nicht die Rede.

Das ist nicht der Geschmack der großen Erfinder selbst, mit wenigen Ausnahmen, und auch nicht der Kenner technischer Probleme, sondern ihrer *Zuschauer*, die selbst nichts erfinden können und jedenfalls nichts davon verstanden, die aber dabei etwas für sich witterten. Und mit dem

ganzen Mangel an Einbildungskraft, der den Materialismus aller Zivilisationen kennzeichnet, wird nun ein Bild der Zukunft entworfen, die   4
ewige Seligkeit auf Erden, ein Endziel und Dauerzustand unter Voraussetzung der technischen Tendenzen etwa der achtziger Jahre – in be-
denklichem Widerspruch zum *Begriff* des Fortschrittes, der den »Zu-
stand« ausschließt: Bücher wie »Der alte und neue Glaube« von Strauß,
Bellamys »Rückblick aus dem Jahre 2000« und Bebels »Die Frau und
der Sozialismus«. Kein Krieg mehr, kein Unterschied mehr von Rassen,
Völkern, Staaten, Religionen, keine Verbrecher und Abenteurer, keine
Konflikte infolge von Überlegenheit und Anderssein, kein Haß, keine
Rache mehr, nur unendliches Behagen durch alle Jahrtausende hin.
Solche Albernheiten lassen heute noch, wo wir die Endphasen dieses
trivialen Optimismus erleben, mit Grauen an die entsetzliche Langeweile
denken – das *taedium vitae* der römischen Kaiserzeit – die sich beim
bloßen Lesen solcher Idyllen über die Seele breitet und in Wirklichkeit
bei auch nur teilweiser Verwirklichung zu massenhaftem Mord und
Selbstmord führen würde.

Beide Ansichten sind heute veraltet. Das 20. Jahrhundert ist endlich
reif geworden, um in den letzten Sinn der *Tatsachen* einzudringen, aus
deren Gesamtheit die *wirkliche* Weltgeschichte besteht. Es handelt sich   5
nicht mehr darum, nach dem privaten Geschmack einzelner und ganzer
Massen die Dinge und Ereignisse im Hinblick auf eine rationalistische
Tendenz, auf eigne Wünsche oder Hoffnungen hin zu deuten. An Stelle
des »So soll es sein« oder »So sollte es sein« tritt das unerbittliche: So
ist es und so *wird* es sein. Eine stolze Skepsis macht den Sentimentali-
täten des vorigen Jahrhunderts Platz. Wir haben gelernt, daß Geschichte
etwas ist, das nicht im geringsten auf unsere Erwartungen Rücksicht
nimmt.

Der physiognomische Takt, wie ich das bezeichnet habe,[1] was allein
zum Eindringen in den Sinn alles Geschehens befähigt, der Blick Goe-
thes, der Blick geborener Menschenkenner, Lebenskenner, Geschichts-
kenner über die Zeiten hin erschließt im einzelnen dessen tiefere Bedeutung.

---

1   Untergang des Abendlandes Bd. I Kap. II.

6

2

Um das Wesen des Technischen zu verstehen, darf man nicht von der Maschinentechnik ausgehen, am wenigsten von dem verführerischen Gedanken, daß die Herstellung von Maschinen und Werkzeugen der *Zweck* der Technik sei.

In Wirklichkeit ist die Technik uralt. Sie ist auch nichts historisch Besonderes, sondern etwas ungeheuer Allgemeines. Sie reicht weit über den Menschen zurück in das Leben der Tiere, und zwar *aller* Tiere. Zum Lebenstypus des Tieres im Unterschied von dem der Pflanze gehört die freie Beweglichkeit im Raum, die relative Willkür und Unabhängigkeit von der gesamten übrigen Natur und damit die Notwendigkeit, sich gegen diese zu behaupten, dem eigenen Dasein eine Art von Sinn, Inhalt und Überlegenheit zu geben. Nur von der *Seele* her läßt sich die Bedeutung des Technischen erschließen.

Denn das freibewegliche Leben der Tiere[2] ist Kampf und nichts anderes, und die *Taktik* des Lebens, ihre Über- oder Unterlegenheit dem »anderen« gegenüber, sei es die lebende oder leblose Natur, entscheidet über die *Geschichte* dieses Lebens, darüber, ob es dessen Schicksal ist, Geschichte von anderen zu erleiden oder selbst für andere zu sein. *Die Technik ist die Taktik des ganzen Lebens.* Sie ist die innere Form des *Verfahrens* im Kampf, der mit dem Leben selbst gleichbedeutend ist.

Das ist der andre Fehler, der hier vermieden werden muß: Technik ist *nicht vom Werkzeug her* zu verstehen. Es kommt nicht auf die Herstellung von Dingen an, sondern *auf das Verfahren mit ihnen*, nicht auf die Waffe, sondern auf den *Kampf*. Und wie im modernen Krieg die Taktik, also die Technik der Krieg*führung* das Entscheidende ist, und die Techniken des Erdenkens, des Herstellens, der Anwendung von Waffen nur als Elemente des Gesamtverfahrens gelten dürfen, so ist es überall. Es gibt zahllose Techniken ohne irgendwelche Werkzeuge: die Technik eines Löwen, der eine Gazelle überlistet, und die diplomatische Technik. Die Verwaltungstechnik als das In-Form-Halten des Staates für die Kämpfe der politischen Geschichte. Es gibt chemische und gastechnische Verfahren. Es gibt bei jedem Kampf um ein Problem eine logische Technik. Es gibt eine Technik der Pinselführung, des

2   Untergang des Abendlandes Bd. II Kap. I. Anfg.

Reitens, der Lenkung eines Luftschiffes. Es handelt sich nicht um Dinge, sondern immer *um eine Tätigkeit, die ein Ziel hat.* Das wird gerade von der vorgeschichtlichen Forschung oft übersehen, die viel zu viel an die Gegenstände in den Museen denkt, und zu wenig an die zahllosen Verfahren, die vorhanden gewesen sein müssen, aber keine Spur hinterlassen haben.

Jede Maschine *dient* nur einem Verfahren und ist aus dem *Denken dieses Verfahrens* heraus entstanden. Alle Verkehrsmittel haben sich aus dem *Denken* des Fahrens, Ruderns, Segelns, Fliegens entwickelt und nicht etwa aus der Vorstellung des Wagens oder Bootes. Die Methode selbst ist eine Waffe. Und deshalb ist Technik kein »Teil« der Wirtschaft, so wenig Wirtschaft neben Krieg und Politik ein für sich bestehender »Teil« des Lebens ist. Alles das sind *Seiten* des *einen, tätigen, kämpfenden, durchseelten* Lebens. Aber es führt allerdings ein Weg vom Urkrieg früher Tiere zu den Verfahren der modernen Erfinder und Ingenieure, und ebenso von der Urwaffe, der List, zur Konstruktion der Maschine, mit welcher der heutige Krieg gegen die Natur durchgeführt, die Natur überlistet wird.

Man nennt das Fortschritt. Es war das große Wort des vorigen Jahrhunderts. Man sah die Geschichte wie eine Straße vor sich, auf welcher »die Menschheit« tapfer immer weiter marschierte – das heißt im Grunde nur die weißen Völker, das heißt nur die Großstädter unter ihnen, das heißt unter diesen nur die »Gebildeten«.

Aber wohin? Wie lange? *Und was dann?*

Er war etwas lächerlich, dieser Marsch ins Unendliche, nach einem Ziel, an das man nicht ernsthaft dachte, das man nicht deutlich vorzustellen, suchte, nicht vorzustellen *wagte*, denn ein Ziel ist ein *Ende*. Niemand tut etwas, ohne den Gedanken an den Augenblick, wo er das erreicht hat, was er wollte. Man führt keinen Krieg, man fahrt nicht zur See, man macht nicht einmal einen Spaziergang, ohne an die Dauer und den *Abschluß* zu denken. Jeder wirklich schöpferische Mensch kennt und fürchtet die Leere, die auf die Vollendung eines Werkes folgt.

Zur Entwicklung gehört die *Vollendung* – jede Entwicklung hat einen Anfang, jede Vollendung *ist ein Ende* –, zur Jugend gehört das Alter, zum Entstehen das Vergehen, zum Leben der Tod. Das Tier, mit seinem Denken an die Gegenwart gebunden, kennt und ahnt den Tod als etwas

Zukünftiges, ihm Drohendes *nicht*. Es kennt nur die Todesangst im *Augenblick* des Getötetwerdens. Der Mensch aber, dessen Denken sich von dieser Fessel des Jetzt und Hier befreit hat und über das Gestern und Morgen, das »Einst« von Vergangenheit und Zukunft grübelnd hinschweift, kennt ihn im voraus, und es hängt von der Tiefe seines Wesens und seiner Weltanschauung ab, ob er die Furcht vor dem Ende überwindet oder nicht. Nach einer althellenischen Sage, die in der Ilias vorausgesetzt wird, war Achill von seiner Mutter vor die Wahl gestellt worden, ob er ein langes Leben wünsche oder ein kurzes voller Taten und Ruhm, und er wählte das letzte.

Man war – und *ist* – zu flach und feige, die Tatsache der *Vergänglichkeit* altes Lebendigen zu ertragen. Man wickelt sie in einen rosaroten Fortschrittsoptimismus, an den im Grunde selbst niemand glaubt, man deckt sie mit Literatur zu, man verkriecht sich hinter Idealen, um nichts zu sehen. Aber Vergänglichkeit, Entstehen *und* Vergehen, ist die *Form alles Wirklichen*, von den Sternen an, deren Schicksal für uns unberechenbar ist, bis herab zu dem flüchtigen Gewimmel auf diesem Planeten. Das Leben des einzelnen – ob Tier, Pflanze oder Mensch – ist ebenso vergänglich wie das von Völkern und Kulturen. Jede Schöpfung erliegt dem Verfall, jeder Gedanke, jede Erfindung, jede Tat dem Vergessenwerden. Überall ahnen wir verschollene Geschichtsläufe von großem Schicksal. Ruinen *gewesener* Werke abgestorbener Kulturen liegen überall vor unsern Augen. Zur Hybris des Prometheus, der in den Himmel greift, um die göttlichen Mächte dem Menschen zu unterwerfen, gehört der Sturz. Was soll uns das Geschwätz von den »ewigen Errungenschaften der Menschheit«?

Die Weltgeschichte sieht sehr viel anders aus, als selbst unsere Zeit sich träumen läßt. Die Geschichte des Menschen ist, an der Geschichte der Pflanzen- und Tierwelt auf diesem Planeten gemessen, um von der Lebensdauer der Sternenwelten zu schweigen, kurz, ein jäher Aufstieg und Fall von wenigen Jahrtausenden, etwas ganz Belangloses im Schicksal der Erde, aber für uns, die wir da hineingeboren sind, von tragischer Größe und Gewalt. Und wir Menschen des 20. Jahrhunderts steigen *sehend* hinab. Unser Blick für Geschichte, unsere Fähigkeit, Geschichte zu schreiben, ist ein verräterisches Zeichen dafür, daß sich der Weg abwärts senkt. Nur auf dem Gipfel hoher Kulturen, bei ihrem

Übergang zur Zivilisation, tritt für einen Augenblick diese Gabe durchdringender Erkenntnis auf.

An und für sich ist es belanglos, welches Schicksal unter den Scharen »ewiger« Sterne dieser kleine Planet hat, der irgendwo im unendlichen Räume für kurze Zeit seine Bahnen zieht; noch belangloser, was auf seiner Oberfläche für ein paar Augenblicke sich bewegt. Aber jeder einzelne von uns, an und für sich ein Nichts, ist für einen unnennbar kurzen Augenblick, eine Lebensdauer, in dieses Gewimmel hineingeworfen. Und deshalb ist sie für uns über alle Maßen wichtig, diese Welt im Kleinen, diese »Weltgeschichte«. Und darüber hinaus ist es das *Schicksal* jedes einzelnen, daß er durch seine Geburt nicht nur in diese Weltgeschichte überhaupt versetzt ist, sondern in ein bestimmtes Jahrhundert, ein bestimmtes Land, ein bestimmtes Volkstum, eine bestimmte Religion, einen bestimmten Stand. Wir können *nicht* wählen, ob wir der Sohn eines ägyptischen Bauern um 3000 v. Chr., eines persischen Königs oder eines heutigen Landstreichers sein wollen. Diesem *Schicksal* – oder Zufall – hat man sich zu fügen. Es *verurteilt* zu Lagen, Anschauungen und Leistungen. Es gibt keinen »Menschen an sich«, wie die Philosophen schwatzen, sondern nur Menschen zu einer Zeit, an einem Ort, von einer Rasse, einer persönlichen Art, die sich im Kampfe mit einer *gegebenen* Welt durchsetzt oder unterliegt, während das Weltall göttlich unbekümmert ringsum verweilt. Dieser Kampf *ist* das Leben, und zwar im Sinne Nietzsches als ein Kampf aus dem Willen zur Macht, grausam, unerbittlich, ein Kampf ohne Gnade.

Pflanzenfresser und Raubtiere

3

Denn der Mensch ist ein Raubtier. Feine Denker wie Montaigne und Nietzsche haben das immer gewußt. Die Lebensweisheit in alten Märchen und Sprichwörtern aller Bauern- und Nomadenvölker, die lächelnde Einsicht großer Menschenkenner- Staatsmänner, Feldherren, Kaufleute, Richter – auf der Höhe eines reichen Lebens, die Verzweiflung gescheiterter Weltverbesserer und das Schelten erzürnter Priester waren weit davon entfernt, das zu verschweigen oder leugnen zu wollen. Nur der feierliche Ernst idealistischer Philosophen und – anderer Theologen besaß nicht den Mut zu dem, was man im stillen recht gut wußte. Ideale sind Feigheiten. Und trotzdem könnte man aus ihren Werken eine hübsche Sammlung von Sprüchen zusammenstellen, die ihnen über die Bestie Mensch gelegentlich entschlüpft sind.

Aber mit dieser Einsicht muß endlich Ernst gemacht werden. Die Skepsis, die letzte philosophische Haltung, die diesem Zeitalter noch möglich, die seiner *würdig* ist, gestattet kein Vorbeireden mehr. Dennoch und gerade deshalb wende ich mich gegen Ansichten, die von der Naturwissenschaft des vorigen Jahrhunderts her entwickelt worden sind. Die *anatomische* Betrachtung und Ordnung des Tierreiches wird ihrer Herkunft entsprechend durchaus von materialistischen Gesichtspunkten beherrscht. Wenn das Bild des *Leibes,* wie er sich dem menschlichen Auge und nur diesem darstellt, noch dazu des zerschnittenen, chemisch präparierten, durch Experimente mißhandelten Leibes zu einem *System* führte, das Linné begründet und die Schule Darwins paläontologisch vertieft hat, einem System von ruhenden, optischen Einzelheiten, so gibt es daneben noch eine ganz andere, unsystematische Ordnung von Arten des *Lebens,* die sich nur dem ungelehrten Miterleben, der innerlich gefühlten Verwandtschaft von Ich und Du erschließt, wie sie jeder Bauer kennt, aber auch jeder echte Dichter und Künstler. Ich denke gern über die *Physiognomik*[1] der Arten von tierischem Leben, über die Arten von Tierseelen nach und überlasse die Systematik des Körperbaus

1   Unterg. d. Abendl. Bd. I Kap. II §§ 4–5.

den Zoologen. Und dann ergibt sich eine ganz andere *Rangordnung des Lebens, nicht des Leibes.*

Eine Pflanze lebt, obwohl sie nur im eingeschränkten Sinne ein Lebewesen ist.[2] In Wirklichkeit lebt es in ihr oder um sie herum. »Sie« atmet, »sie« nährt sich, »sie« vermehrt sich, und trotzdem ist sie ganz eigentlich nur der *Schauplatz* dieser Vorgänge, die mit solchen der umgebenden Natur, mit Tag und Nacht, mit Sonnenbestrahlung und der Gärung im Boden eine Einheit bilden, so daß die Pflanze selbst nicht wollen und wählen kann. Alles geschieht mit ihr und in ihr. Sie sucht weder den Standort, noch die Nahrung, noch die andere Pflanze, mit welcher sie die Nachkommen erzeugt. Sie bewegt sich nicht, sondern der Wind, die Wärme, das Licht bewegen sie.

Über diese Art von Leben erhebt sich nun das freibewegliche Leben der Tiere, aber *in zwei Stufen.* Es gibt eine Art, durch alle anatomischen Gattungen hindurch, vom einzelligen Urtier bis zu Schwimmvögeln und Huftieren, deren Leben auf die *unbewegliche* Pflanzenwelt als Nahrung angewiesen ist, um sich zu erhalten. Pflanzen fliehen nicht und können sich nicht wehren.

Aber darüber erhebt sich eine zweite Art von Leben, Tiere, die von anderen Tieren leben, *deren Leben im Töten besteht.* Da ist die Beute selbst sehr beweglich, selbst kämpfend, selbst reich an Listen aller Art. Auch dieses Leben ist über alle Gattungen des Systems verbreitet. Jeder Wassertropfen ist ein Schlachtfeld, und wir, die den Kampf auf dem Lande so beständig vor Augen haben, daß wir seine Selbstverständlichkeit, ja sogar sein Vorhandensein vergessen, sehen heute mit Grauen, wie phantastische Formen der Tiefsee das Leben des Tötens und Getötetwerdens führen.

Das Raubtier ist die höchste Form des freibeweglichen Lebens. Es bedeutet das Maximum an Freiheit von andern und für sich, an Selbstverantwortlichkeit, an Alleinsein, das Extrem der Notwendigkeit, sich *kämpfend, siegend, vernichtend* zu behaupten. Es gibt dem Typus Mensch einen hohen Rang, daß er ein Raubtier ist.

Ein Pflanzenfresser ist seinem Schicksal nach ein *Beutetier* und sucht sich diesem Verhängnis durch kampflose Flucht zu entziehen. Ein Raubtier *macht* Beute. Das eine Leben ist in seinem innersten Wesen

2   Unterg. d. Abendl. Bd. II S. 1 ff.

12

defensiv, das andere ist offensiv, hart, grausam, zerstörend. Schon die Taktik der Bewegung unterscheidet sie – auf der einen Seite die Gewohnheit des Fliehens, der schnelle Lauf, das Winkelschlagen, Ausweichen, Sichverstecken, auf der andern die *geradlinige* Bewegung des Angriffs, der Sprung des Löwen, das Herabstoßen des Adlers. Es gibt eine List, ein Überlisten im Stile des Starken und des Schwachen. Klug im menschlichen Sinne, *aktiv* klug, sind nur Raubtiere. Pflanzenfresser sind im Vergleich dazu dumm, nicht nur die Tauben »ohne Falsch« und der Elefant, sondern selbst die edelsten Arten der Huftiere: der Stier, das Pferd, der Hirsch, die erst in der blinden Wut und der geschlechtlichen Erregung fähig sind zu kämpfen, und sich sonst zähmen und von einem Kinde leiten lassen.

Zum Unterschied der Bewegungen tritt noch gewaltiger der in den Sinnesorganen. Und mit den Sinnen unterscheidet sich auch die Art, eine »*Welt*« zu haben. An und für sich lebt jedes Wesen in der Natur, in einer Umgebung, ob es sie nun bemerkt oder sich ihr bemerkbar macht oder nicht. Erst durch die geheimnisvolle und von keinem menschlichen Nachdenken zu erklärende Art der Beziehungen zwischen dem Tier und seiner Umgebung *mittels* der tastenden, ordnenden, verstehenden Sinne entsteht aus der *Umgebung* eine *Umwelt für* jedes einzelne Wesen.[3] Die höheren Pflanzenfresser werden neben dem Gehör vor allem durch die *Witterung* beherrscht, die höheren Raubtiere aber *herrschen durch das Auge*. Die Witterung ist der eigentliche Sinn der Verteidigung. Die Nase spürt Herkunft und Entfernung der *Gefahr* und gibt damit der Fluchtbewegung eine zweckmäßige Richtung von etwas *fort*.

Das Auge der Raubtiere aber gibt ein *Ziel*. Schon dadurch, daß die Augenpaare der großen Raubtiere wie beim Menschen auf einen Punkt der Umgebung fixiert werden können, gelingt es, das Beutetier zu *bannen*. Im feindlichen Blick liegt für das Opfer schon das unentrinnbare Schicksal, der Sprung des nächsten Augenblicks. Das Fixieren der nach vorn und parallel gerichteten Augen ist aber gleichbedeutend *mit dem Entstehen der Welt* in dem Sinne, wie der Mensch sie hat, als *Bild*, als Welt *vor seinen Blicken*, als Welt nicht nur des Lichtes und der Farben, sondern vor allem der perspektivischen *Entfernung*, des *Raumes*

---

3   v. Üxküll, Biologische Weltanschauung, 1913, S. 67 ff.

und der in ihm stattfindenden *Bewegungen* und an bestimmten Orten ruhenden *Gegenstände*. In dieser Art des Sehens, wie sie nur die edelsten Raubtiere besitzen – Pflanzenfresser, z.B. Huftiere, haben seitwärts stehende Augen, von denen jedes einen anderen, *unperspektivischen* Eindruck hat –, liegt schon die Idee des *Herrschens*. Das Weltbild ist die vom Auge *beherrschte* Umwelt. Das Raubtierauge bestimmt die Dinge nach Lage und Entfernung. Es kennt den Horizont. Es bemißt in diesem *Schlachtfeld* die Objekte und Bedingungen des Angriffs. Wittern und Spähen – das Reh und der Habicht – verhalten sich wie Sklave-sein und Herr-sein. Ein unendliches Machtgefühl liegt in diesem weiten ruhigen Blick, ein Gefühl der Freiheit, die aus *Überlegenheit* entspringt und auf der größeren *Gewalt* beruht, und die Gewißheit, niemandes Beute zu sein. Die *Welt* ist die Beute, und aus dieser Tatsache ist letzten Endes die menschliche Kultur erwachsen.

Und endlich hat sich diese Tatsache der angeborenen Überlegenheit wie nach außen zur Lichtwelt mit ihren unendlichen Fernen, so nach innen zur Seelenart starker Tiere vertieft. Die *Seele*, das rätselhafte Etwas, das bei diesem Wort gefühlt wird und dessen Wesen keiner Wissenschaft zugänglich ist, der göttliche Funke in diesem lebendigen Leibe, der in der göttlich grausamen, göttlich unbekümmerten Welt herrschen oder unterliegen muß: was wir Menschen als Seele fühlen, in uns und in andern, ist der *Gegenpol* der Lichtwelt um uns, in welcher menschliches Denken und Ahnen gern eine *Weltseele* annimmt. Die Seele ist um so stärker ausgeprägt, je *einsamer* das Wesen ist, je entschiedener es eine Welt *für sich* bildet, gegen alle Welt um sich herum. Was ist das Gegenteil der Seele eines Löwen? Die Seele einer Kuh. Pflanzenfresser ersetzen die starke einzelne Seele durch die große Zahl, die Herde, das gemeinsame Fühlen und Tun von Massen. Aber je weniger man die andern braucht, desto mächtiger ist man. Ein Raubtier ist jedermanns Feind. Es duldet in seinem Revier niemand seinesgleichen – der königliche Begriff des *Eigentums* hat hier seine Wurzel. Eigentum ist der Bereich, in dem man unumschränkte Macht ausübt, erkämpfte, gegen seinesgleichen verteidigte, siegreich behauptete Macht. Es ist kein Recht auf ein bloßes *Haben*, sondern auf ein selbstherrliches *Schalten und Walten damit*.

Es gibt, wenn man es richtig versteht, eine Raubtier- und eine Pflanzenfresserethik. Niemand ist imstande, etwas daran zu ändern. Es ist die innere Form, der Sinn, die Taktik des ganzen Lebens. Es ist eine einfache *Tatsache*. Man kann das Leben vernichten, aber nicht in seiner Art verändern. Ein gezähmtes, gefangenes Raubtier – jeder zoologische Garten bietet Beispiele dafür – ist seelisch verstümmelt, weltkrank, innerlich vernichtet. Es gibt Raubtiere, die freiwillig verhungern, wenn sie gefangen sind. Pflanzenfresser geben nichts auf, wenn sie Haustiere werden.

Das ist der Unterschied zwischen dem *Schicksal* von Pflanzenfressern und dem *Raubtierschicksal*. Das eine bedroht nur, das andere spendet auch. Jenes drückt nieder, macht klein und feig, dieses erhebt durch Macht und Sieg, durch Stolz und Haß. Jenes erleidet man, dieses *ist man selbst*. Der Kampf der Natur drinnen gegen die Natur draußen wird nicht mehr als Elend empfunden – so dachten sich Schopenhauer und Darwin den *struggle for life* –, sondern als großer Sinn des Lebens, der es *adelt* – so dachte Nietzsche: *amor fati*. Und der Mensch gehört zu dieser Art.

4

Er ist kein Simpel, »von Natur gut« und dumm, kein Halbaffe mit technischen Tendenzen, wie ihn Haeckel beschrieben und Gabriel Max gemalt hat.[4] Auf diese Karikatur fällt noch der plebejische Schatten Rousseaus. Im Gegenteil, die Taktik seines Lebens ist die eines prachtvollen, tapfern, listigen, grausamen Raubtieres. Er lebt angreifend, tötend und vernichtend. Er will Herr sein, seitdem es ihn gibt.

Also ist die »Technik« wirklich älter als der Mensch? Nein, doch nicht. Es ist ein ungeheurer Unterschied zwischen dem Menschen und *allen* andern Tieren. Die Technik dieser Tiere ist *Gattungstechnik*. Sie ist weder erfinderisch noch lernbar noch entwicklungsfähig. Der Typus

---

4   Nur die systematische, klassifizierende Wut bloßer Anatomen hat ihn in die Nähe der Affen gebracht, und auch das stellt sich heute als voreilig und oberflächlich heraus. Man sehe Klaatsch, der selbst Darwinianer war: »Der Werdegang der Menschheit« (1920), S. 29 ff. Gerade im »System« steht der Mensch abseits und außer aller Ordnung, in vielen Zügen seines Körperbaus sehr primitiv, in andern wieder eine Ausnahmeerscheinung. Aber das geht uns, die wir sein *Leben* betrachten, nichts an. In seinem Schicksal, *seelisch*, ist er ein Raubtier.

Biene hat, seit er da ist, seine Waben immer genau so gebaut wie heute, und wird sie so bauen, bis er ausstirbt. Sie gehören zu ihm wie die Form der Flügel und die Färbung des Leibes. Nur der anatomische Standpunkt der Zoologen läßt Körperbau und Lebensart auseinanderfallen. Geht man von der inneren Form des Lebens aus, statt von der des Leibes, so ist diese Taktik des Lebens und die Gliederung des Leibes ein und dasselbe, *beides* Ausdruck einer organischen Wirklichkeit. Die »Gattung« ist eine Form nicht des sichtbar Ruhenden, sondern der Beweglichkeit, nicht des So-seins, sondern des So-tuns. Körperform ist die Form des *tätigen* Körpers. 23

Bienen, Termiten, Biber fuhren erstaunliche Bauten auf. Ameisen kennen Pflanzenbau, Straßenbau, Sklaverei und Kriegführung. Brutpflege, Festungsanlagen und planmäßige Wanderzüge sind weit verbreitet. Alles was der Mensch kann, haben einzelne Tierformen auch erreicht. Es sind Tendenzen, die im freibeweglichen Leben überhaupt als *Möglichkeiten* schlafen. Der Mensch leistet nichts, was nicht dem Leben im *Ganzen* erreichbar ist.

Und trotzdem – alles das hat mit menschlicher Technik im Grunde gar nichts zu tun. Die Gattungstechnik ist *unveränderlich*. Das bedeutet das Wort »Instinkt«. Weil das tierische »Denken« am unmittelbaren Jetzt und Hier haftet und weder Vergangenheit noch Zukunft kennt, so kennt es auch weder Erfahrung noch Sorge. Es ist nicht wahr, daß Tierweibchen für ihre Jungen »sorgen«. Die Sorge ist ein Gefühl, das ein Wissen in die Ferne hinaus voraussetzt, um das, was kommen wird, wie die Reue ein Wissen um das, was *war*. Ein Tier kann weder hassen noch verzweifeln. Die Brutpflege ist wie alles andere ein dunkles, wissenloses Getriebensein in vielen Typen von Leben. Sie gehört zur *Art* 24 und *nicht zum Einzelwesen*. Die Gattungstechnik ist nicht nur unveränderlich, sondern auch *unpersönlich*.

Die Menschentechnik und sie allein aber ist *unabhängig* vom Leben der Menschengattung. Es ist der einzige Fall in der gesamten Geschichte des Lebens, daß das Einzelwesen *aus dem Zwang der Gattung heraustritt*. Man muß lange nachdenken, um das Ungeheure dieser Tatsache zu begreifen. Die Technik im Leben des Menschen ist bewußt, willkürlich, veränderlich, persönlich, *erfinderisch*. Sie wird erlernt und verbessert. Der Mensch ist der *Schöpfer* seiner Lebenstaktik geworden. Sie ist seine Größe und sein Verhängnis. Und die innere Form dieses schöpferischen

Lebens nennen wir *Kultur*, Kultur besitzen, Kultur schaffen, an der Kultur leiden. Die Schöpfungen des Menschen sind Ausdruck dieses Daseins in *persönlicher* Form.

25

Die Entstehung des Menschen:

Hand und Werkzeug

5

Seit wann gibt es diesen Typus *des erfinderischen Raubtiers*? Das ist gleichbedeutend mit der Frage: Seit wann gibt es den Menschen? – Was ist der Mensch? Wodurch ist er zum Menschen geworden?

Die Antwort lautet: Durch die Entstehung der Hand. Das ist eine Waffe ohne gleichen in der Welt des freibeweglichen Lebens. Man vergleiche sie mit der Tatze, dem Schnabel, den Hörnern, Zähnen und Schwanzflossen anderer Wesen. Auf der einen Seite konzentriert sich in ihr der Tastsinn in dem Grade, daß man sie fast als Tast*organ* neben das Seh- und das Hörorgan stellen kann. Sie unterscheidet nicht nur warm und kalt, fest und flüssig, hart und weich, sondern vor allem Schwere, Gestalt und Ort der Widerstände, kurz *die Dinge im Raum.* Aber darüber hinaus sammelt sich in ihr die *Tätigkeit* des Lebens so vollständig, daß sich die gesamte Haltung und der Gang des Leibes – gleichzeitig – daraufhin gestaltet hat. Es gibt nichts in der Welt, was mit diesem tastenden *und* tätigen Gliede verglichen werden kann. Zum Raubtierauge, das die Welt »*theoretisch*« beherrscht, tritt die Menschen- 26 hand als *praktische* Beherrscherin.

Sie muß *plötzlich* entstanden sein im Vergleich mit dem Tempo kosmischer Strömungen, jäh wie ein Blitz, ein Erdbeben, wie alles Entscheidende im Weltgeschehen, epochemachend im höchsten Sinne. Wir müssen uns auch darin von den Anschauungen des vorigen Jahrhunderts lösen, wie sie seit Lyells geologischen Forschungen im Begriffe »Evolution« liegen. Eine langsame, phlegmatische Veränderung entspricht dem englischen Naturell, nicht der Natur. Um sie zu stützen, warf man mit Millionen von Jahren um sich, da sich in meßbaren Zeiträumen nichts dergleichen zeigte. Aber wir könnten keine geologischen Schichten unterscheiden, wenn sie nicht durch *Katastrophen* unbekannter Art und Herkunft getrennt wären, und keine *Arten* fossiler Tiere, wenn sie nicht *plötzlich* auftauchten und sich *unverändert* bis zu ihrem Aussterben hielten. Von »Ahnen« des Menschen wissen wir *nichts*, trotz allen Suchens und anatomischen Vergleichens. Seitdem Menschenskelette auftauchen, ist der Mensch so, wie er heute ist. Den »Neandertaler« sieht man in jeder Volksversammlung. Es ist auch ganz unmöglich, daß sich Hand, aufrechter Gang, Haltung des Kopfes und so weiter nach- und auseinander entwickelt hätten. Alles das ist zusammen und plötzlich da.[1] Die Weltgeschichte schreitet von Katastrophe zu Katastrophe fort, ob wir sie nun begreifen und begründen können oder nicht. Man nennt das heute, seit H. de Vries,[2] Mutation. Es ist das eine innere Wandlung, die plötzlich *alle* Exemplare einer Gattung ergreift, ohne »Ursache« selbstverständlich, wie alles in der Wirklichkeit. Es ist der geheimnisvolle Rhythmus des Wirklichen.

Aber nicht nur müssen Hand, Gang und Haltung des Menschen gleichzeitig entstanden sein, sondern auch – und das hat bis jetzt niemand bemerkt – *Hand und Werkzeug*. Die unbewaffnete Hand für sich allein ist nichts wert. Sie *fordert* die Waffe, um selbst Waffe zu sein. Wie sich das Werkzeug aus der Gestalt der Hand gebildet hat, so umgekehrt *die Hand an der Gestalt des Werkzeugs*. Es ist sinnlos, das zeitlich trennen zu wollen. Es ist unmöglich, daß die ausgebildete Hand auch nur kurze Zeit hindurch ohne Werkzeug tätig war. Die frühesten Reste des Menschen und seiner Geräte sind gleich alt.

Was sich aber geteilt hat, nicht zeitlich, sondern *logisch*, ist das technische *Verfahren*, und zwar in *Herstellung* der Waffe und ihren *Gebrauch*. Wie es eine Technik des Geigenbaus und eine Technik des Geigenspiels gibt, so eine Kunst des Schiffbaus und eine Kunst des Segelns, eine Verfertigung des Bogens und eine Fertigkeit im Schießen.

1 Überhaupt diese »Entwicklung«! Die Darwinianer sagen, daß der Besitz solcher ausgezeichneten Waffen die Art im Kampf ums Dasein begünstigt und erhalten habe. Aber erst die *fertig ausgebildete* Waffe wäre ein Vorteil; die in Entwicklung begriffene – und diese Entwicklung soll ja Jahrtausende gedauert haben – ist eine unnütze Last, die das Gegenteil bewirken müßte. Und wie stellt man sich den *Anfang* einer solchen Entwicklung vor? Diese Jagd auf Ursachen und Wirkungen, die schließlich Formen des menschlichen Denkens sind und nicht des Weltwerdens, ist ziemlich töricht, wenn man glaubt, damit in die Geheimnisse der Welt eindringen zu können.

2 Die Mutationstheorie (1901, 1903).

Kein anderes Raubtier *wählt* die Waffe. Der Mensch aber wählt sie nicht nur, sondern *er stellt sie her*, nach eigener persönlicher Erwägung. Damit hat er eine furchtbare Überlegenheit im Kampf gewonnen gegen seinesgleichen, gegen andere Tiere, gegen die gesamte Natur.

Das ist die *Befreiung vom Zwang der Gattung*, etwas Einzigartiges in der Geschichte des gesamten Lebens auf diesem Planeten. Damit ist der Mensch *entstanden*. Er hat sein tätiges Leben in hohem Grade von den Bedingungen seines Leibes unabhängig gemacht. Der Gattungsinstinkt besteht weiter in voller Gewalt, aber von ihm hat sich ein Denken und denkendes Handeln des Einzelnen abgelöst, das vom Banne der Gattung frei ist. Diese Freiheit ist Wahlfreiheit. Jeder stellt seine eigene Waffe her, nach eigenem Geschick und eigener Überlegung. Die vielen Funde von verfehlten und verworfenen Stücken zeugen noch heute von der Mühe dieses anfänglichen »denkenden Tuns«. 29

Wenn trotzdem die Stücke so ähnlich sind, daß man nach ihnen – mit sehr zweifelhaftem Recht – »Kulturen« wie Acheuléen und Solutréen unterscheidet, und durch alle fünf Erdteile – sicher mit Unrecht – danach Zeitvergleiche vornimmt, so liegt das daran, daß diese Befreiung vom Zwang der Gattung zunächst nur als große *Möglichkeit* wirkt und anfangs weit davon entfernt ist, verwirklichter Individualismus zu sein. Niemand will den Originellen spielen. Ebensowenig denkt jemand daran, den andern nachzuahmen. Jeder denkt und arbeitet für sich, aber das Leben der Gattung ist so mächtig, daß das Ergebnis trotzdem überall ähnlich ist – wie im Grunde heute noch.

Zum »*Denken des Auges*«, dem verstehenden scharfen Blick der großen Raubtiere – ist damit das »*Denken der Hand*« getreten. Aus jenem entwickelt sich seitdem das theoretische, betrachtende, beschauliche Denken, das »Nachsinnen«, die »Weisheit«, aus diesem das praktische, tätige, die Schlauheit, die eigentliche »Intelligenz«. Das Auge forscht nach Ursache und Wirkung, die Hand arbeitet nach den Prinzipien von Mittel und Zweck. Ob etwas zweckmäßig oder unzweckmäßig ist – das Werturteil der *Tätigen* – hat mit wahr und falsch, den Werten des *Betrachtenden*, mit Wahrheit nichts zu tun. Der Zweck ist eine *Tatsache*, der Zusammenhang von Ursache und Wirkung eine *Wahrheit*.[3] So sind die sehr verschiedenen Denkweisen des Wahrheitsmen- 30

---

3   Untergang des Abendlandes Bd. I Kap. II § 16. Bd. II Kap. III § 6.

schen – des Priesters, Gelehrten, Philosophen –, und des Tatsachen-
menschen – des Politikers, Feldherrn, Kaufmanns – entstanden. Seitdem
und heute noch ist die befehlende, hinweisende, zur Faust geballte Hand
der Ausdruck eines Willens. Deshalb die Aufschlüsse aus Handschrift
und Gestalt der Hand. Deshalb die sprachlichen Wendungen von der
schweren Hand des Eroberers, der glücklichen Hand eines Geschäfts-
mannes, daher die seelischen Merkmale der Verbrecher- und der
Künstlerhand.

Mit der Hand, der Waffe und dem persönlichen Denken ist der
Mensch *schöpferisch* geworden. Alles was Tiere tun, bleibt im Rahmen
des Tuns der Gattung und bereichert deren Leben nicht. Der Mensch
aber, das schöpferische Tier, hat einen Reichtum von erfinderischem
Denken und Tun über die Welt verbreitet, der es berechtigt erscheinen
läßt, wenn er *seine* kurze Geschichte die »Weltgeschichte« nennt und
seine Umgebung als die »Menschheit« mit der gesamten übrigen Natur
als Hintergrund, Objekt und Mittel betrachtet.

Das Tun der *denkenden* Hand aber nennen wir die *Tat*. Tätigkeit
gibt es mit dem Dasein der Tiere, Taten erst mit dem Dasein des
Menschen. Nichts ist so bezeichnend für den Unterschied als das Anzünden des Feuers. Man *sieht* – Ursache und Wirkung – wie Feuer
entsteht. Auch viele Tiere sehen es. Aber der Mensch allein *denkt* –
Zweck und Mittel – ein Verfahren aus, um es herzustellen. Keine
zweite Tat macht so den Eindruck des Schöpferischen. Es ist die Tat
des Prometheus. Eine der unheimlichsten, gewaltigsten, rätselhaftesten
Erscheinungen der Natur – der Blitz, der Waldbrand, ein Vulkan –
wird vom Menschen selbst ins Leben gerufen, *gegen* alle Natur. Wie
mag das auf die Seele gewirkt haben, der erste Blick in die selbst ent-
zündete Flamme!

6

Unter dem gewaltigen Eindruck der freien, bewußten *Einzeltat*, die sich
aus dem gleichförmigen, triebhaften, massenhaften »Tun der Gattung«
heraushebt, hat sich nun die eigentliche Menschenseele gestaltet, sehr
einsam selbst im Vergleich zu anderen Raubtierseelen, mit dem stolzen
und schwermütigen Blick des *Wissenden* über sein eignes Schicksal hin,
dem unbändigen Machtgefühl in der tatgewohnten Faust, jedermanns

Feind, tötend, *hassend*, zu Sieg oder Sterben entschlossen. Diese Seele ist tiefer und leidenvoller als die irgendeines Tieres. Sie steht in unversöhnlichem Gegensatz zur *gesamten* Welt, von der sie durch ihr eigenes Schöpfertum getrennt ist. Es ist die Seele eines *Empörers*.

Der früheste Mensch horstet einsam wie ein Raubvogel. Wenn sich auch einige »Familien« zu einem Rudel zusammentun, so geschieht das in losester Form. Noch ist von Stämmen keine Rede, geschweige denn von Völkern. Das Rudel ist eine zufällige Sammlung von ein paar Männern, die sich gerade einmal nicht bekämpfen, mit ihren Weibern und deren Kindern, ohne Gemeingefühl, in vollkommener Freiheit, kein »Wir« wie eine Herde von bloßen Gattungsexemplaren.

Die Seele dieser starken Einsamen ist durch und durch kriegerisch, mißtrauisch, eifersüchtig auf die eigene Macht und Beute. Sie kennt das Pathos nicht nur des »Ich«, sondern auch des »Mein«. Sie kennt den Rausch des Gefühls, wenn das Messer in den feindlichen Leib schneidet, wenn Blutgeruch und Stöhnen zu den triumphierenden Sinnen dringen. Jeder wirkliche »Mann« noch in den Städten später Kulturen fühlt zuweilen die schlafende Glut dieses Urseelentums in sich. Nichts von der jämmerlichen Feststellung, daß irgend etwas »nützlich« ist, daß es »Arbeit erspart«. Noch weniger von den zahnlosen Gefühlen des Mitleids, der Versöhnung, der Sehnsucht nach Ruhe. Dafür aber der volle Stolz darauf, weithin seiner Stärke und seines Glücks wegen gefürchtet, bewundert, gehaßt zu sein, und der Drang nach Rache an allem, seien es lebende Wesen oder Dinge, was diesen Stolz auch nur durch sein *Dasein* verletzt.

Und diese Seele schreitet fort in wachsender Entfremdung gegenüber der *ganzen* Natur. Die Waffen aller Raubtiere sind *natürlich*, nur die bewaffnete Faust des Menschen, mit der künstlich hergestellten, durchdachten, gewählten Waffe, ist es nicht. *Hier beginnt »Kunst« als Gegenbegriff zur Natur.* Jedes technische Verfahren des Menschen *ist* eine Kunst und ist immer so genannt worden, die Kunst des Bogenschießens und Reitens wie die Kriegskunst, die Künste des Bauens, des Regierens, des Opferns und Wahrsagens, des Malens und Versemachens, des wissenschaftlichen Experimentierens. Künstlich, *widernatürlich* ist jedes menschliche Werk vom Anzünden des Feuers bis zu den Leistungen, die wir in hohen Kulturen als eigentlich künstlerische bezeichnen. Der Natur wird das *Vorrecht des Schöpfertums* entrissen. Der »freie

Wille« schon ist ein Akt der Empörung, nichts anderes. Der *schöpferische* Mensch ist aus dem Verbände der Natur herausgetreten, und mit jeder neuen Schöpfung entfernt er sich weiter und feindseliger von ihr. *Das* ist seine »Weltgeschichte«, die Geschichte einer unaufhaltsam fortschreitenden, verhängnisvollen Entzweiung zwischen Menschenwelt und Weltall, die Geschichte eines Empörers, der dem Schöße seiner Mutter entwachsen die Hand gegen sie erhebt.

Die *Tragödie des Menschen* beginnt, denn die Natur ist *stärker*. Der Mensch *bleibt* abhängig von ihr, die trotz allem auch ihn selbst, ihr Geschöpf, umfaßt. Alle großen Kulturen sind ebensoviele Niederlagen. Ganze Rassen bleiben, innerlich zerstört, gebrochen, der Unfruchtbarkeit und geistigen Zerrüttung verfallen, als Opfer auf dem Platze. Der Kampf gegen die Natur ist hoffnungslos, und trotzdem wird er bis zum Ende geführt werden.

Die zweite Stufe:

Sprechen und Unternehmen

7

Wie lange das Zeitalter der bewaffneten Hand dauerte, das heißt, seit wann es den Menschen gibt, wissen wir nicht. Die Zahl von Jahren ist auch belanglos, obwohl sie heute noch viel zu hoch angenommen wird. Es handelt sich nicht um Millionen, nicht einmal um mehrere Jahrhunderttausende; immerhin muß eine beträchtliche Zahl von Jahrtausenden verflossen sein.

Nun aber tritt eine zweite Wandlung ein, die Epoche macht, ebenso jäh und gewaltig, das Menschenschicksal von Grund aus umformend wie die erste, wieder eine echte Mutation in dem eben erörterten Sinne. Die prähistorische Forschung hat das längst bemerkt. In der Tat zeigen die Dinge, die in unsern Museen liegen, plötzlich ein anderes Gesicht. Tongefäße treten auf, Spuren von »Ackerbau« und »Viehzucht«, wie man es sorglos genug und viel zu modern genannt hat, Hüttenbau, Gräber, Andeutungen des Verkehrs. Eine neue Welt des technischen Denkens und Verfahrens meldet sich an. Vom Museumsstandpunkt aus, viel zu flach und auf die bloße Anordnung von Funden versessen, hat man ältere und jüngere Steinzeit, Paläolithikum und Neolithikum, getrennt. Aber diese Einteilung des vorigen Jahrhunderts erweckt längst Unbehagen, und man versucht seit Jahrzehnten, sie durch etwas anderes zu ersetzen. Ausdrücke wie Mesolithikum, Mio-, Mixoneolithikum beweisen indessen, daß man immer noch an einer bloßen Ordnung der *Objekte* haftet und deshalb nicht weiter kommt. Was sich verwandelt, sind aber nicht die Geräte, sondern *der Mensch*. Noch einmal: Nur von der *Seele* aus läßt sich die Geschichte des Menschen erschließen.

Diese Mutation läßt sich ziemlich genau festlegen, etwa ins fünfte Jahrtausend v. Chr.[1] Längstens zwei Jahrtausende später beginnen schon

---

1   Auf Grund der Forschungen de Geers am schwedischen Bänderton: Reallex. d. Vorgeschichte, Bd. II (Diluvialchronologie).

die Hochkulturen in Ägypten und Mesopotamien. Man sieht, das Tempo der Geschichte nimmt tragische Maße an. Vorher spielten Jahrtausende kaum eine Rolle, jetzt wird jedes Jahrhundert wichtig. Der rollende Stein nähert sich in rasenden Sprüngen dem Abgrund.

Aber was ist geschehen? Dringt man tiefer in diese neue Formenwelt menschlicher Taten ein, so sieht man bald sehr verwirrte und komplizierte Zusammenhänge. All diese Techniken setzen sich gegenseitig voraus. Die Haltung von gezähmten Tieren fordert das Anpflanzen von Futtermitteln, die Saat und Ernte von Nahrungspflanzen das Vorhandensein von Zug- und Lasttieren, diese wieder den Bau von Gehegen, jede Art von Bauten die Herstellung und den Transport von Baustoffen, der Verkehr die Straße, das Saumtier und das Schiff.

Was ist das *seelisch* Umwälzende an alledem? Ich gebe die Antwort: Das planmäßige *Tun zu mehreren*. Bis dahin lebt jeder Mensch sein eigenes Leben, stellt selbst seine Waffe her, führt allein seine Taktik im täglichen Kampfe durch. Keiner braucht den anderen. *Das* ändert sich plötzlich. Diese neuen Verfahren dehnen sich über lange Zeiträume, unter Umständen über Jahre aus – man denke an den Weg vom Fällen der Bäume bis zur Abfahrt des mit ihnen gebauten Schiffes –und ebenso über weite Strecken. Sie zerfallen in Reihen von genau geordneten Einzelakten und in Gruppen von nebeneinander durchgeführten Handlungen. Diese Gesamtverfahren aber setzen als unentbehrliches Mittel *die Wortsprache* voraus.

Das Sprechen in Sätzen und Worten kann nicht früher oder später, es muß damals entstanden sein, rasch wie alles Entscheidende, und zwar in engem Zusammenhang mit der neuen Art menschlicher Verfahren. Das läßt sich beweisen.

Was ist »Sprechen«?[2] Ohne Zweifel ein Verfahren zum Zweck von Mitteilungen, eine Tätigkeit, die von zahlreichen Menschen fortgesetzt untereinander ausgeübt wird. »Sprache« ist nur eine Abstraktion davon, die innere – grammatische – Form des Sprechens einschließlich der Wortformen. Diese Form muß verbreitet sein und eine gewisse Dauer haben, wenn Mitteilungen wirklich stattfinden sollen. Ich hatte früher[3]

2   Zum folgenden Untergang des Abendlandes Bd. II Kap. II, 1: Völker, Rassen, Sprachen.

3   Ebenda.

gezeigt, daß dem Sprechen in Sätzen einfachere Formen der Mitteilung vorausgehen – Zeichen fürs Auge, Signale, Gesten, Warnungs- und Drohrufe – die sämtlich zur Unterstützung des Sprechens in Sätzen fortbestehen, auch heute noch, als Sprechmelodie, Betonung, Mienenspiel, Handbewegungen, in der heutigen Schrift als Interpunktion.

Trotzdem ist das »fließende« Sprechen dem Gehalt nach etwas ganz Neues. Seit Hamann und Herder hat man sich denn auch immer wieder die Frage nach seiner Entstehung vorgelegt. Wenn alle Antworten bis zum heutigen Tage uns unbefriedigt lassen, so liegt das daran, daß die Frage falsch *gemeint* war. Denn der Ursprung des Sprechens in Worten kann nicht in der Tätigkeit des Sprechens selbst gesucht werden. So dachten die Romantiker, wirklichkeitsfremd wie immer, welche die Sprache aus der »Urpoesie der Menschheit« ableiteten – nein, mehr noch: die Sprache *war* die Urdichtung des Menschen; sie war Mythus, Lyrik, Gebet zugleich, und Prosa war nur die spätere Herabwürdigung zum gemeinen Gebrauch des Tages. Aber dann müßte die innere Form der Sprache, die Grammatik, der logische Aufbau der Sätze ganz anders aussehen. Gerade urwüchsige Sprachen wie die der Bantu- und der Turkstämme zeigen die Tendenz besonders deutlich, ganz klare, scharfe, unmißverständliche *Unterscheidungen* zu treffen.[4]

Aber das führt zum Grundfehler der Feinde aller Romantik, der Rationalisten. Sie laufen stets der Meinung nach, daß der Satz ein *Urteil* oder einen *Gedanken* ausdrücke. Sie sitzen an ihrem Schreibtisch voller Bücher und grübeln über ihr eigenes Denken und Schreiben nach. Da scheint ihnen der »Gedanke« der *Zweck* des Sprechens zu sein. Weil sie allein zu sitzen pflegen, vergessen sie über dem Sprechen das *Hören*, über der Frage die *Antwort*, über dem Ich das Du. Sie sagen »Sprache« und meinen die Rede, den Vortrag, die Abhandlung. Ihre Ansicht vom Entstehen der Sprache ist *monologisch* und deshalb falsch.

Die richtig gestellte Frage lautet nicht: Wie, sondern *wann* entsteht das Sprechen in Worten? Und dann wird sehr bald alles klar. Der meist mißverstandene oder übersehene *Zweck* des Sprechens in Sätzen ergibt sich aus der Zeit, *seit* welcher so, nämlich *fließend* gesprochen wird.

4   Bis zu dem Grade, daß in manchen Sprachen der »Satz« ein einziges Wortungeheuer ist, in dem durch klassifizierende Vor- und Nachsilben in gesetzmäßiger Ordnung alles ausgedrückt wird, was gesagt werden soll.

Und der Zweck liegt in der *Form* der Satzbildung klar zutage. Das Sprechen erfolgt nicht monologisch, sondern *dialogisch*, die Satzreihen folgen nicht als Rede, sondern zwischen mehreren Menschen als *Unterredung*. Der Zweck ist nicht ein Verstehen aus dem Nachdenken heraus, sondern eine wechselseitige *Verständigung* durch Frage und Antwort. Welches sind denn die ursprünglichen Formen des Sprechens? Nicht das Urteil, die Aussage, sondern der Befehl, der Ausdruck des Gehorsams, die Feststellung, die Frage, die Bejahung, die Verneinung. Es sind Sätze, die sich *stets* an einen anderen wenden, ursprünglich, sicher ganz kurz: Tu das! Fertig? Ja! Anfangen! Die Worte als *Begriffsbezeichnung*[5] folgen erst aus dem Zweck der Sätze, so daß von Anfang an der Wortschatz eines Jägerstammes ganz anders ist als der eines Dorfes von Viehzüchtern oder einer seefahrenden Küstenbevölkerung. Ursprünglich war die Sprache eine schwierige Tätigkeit,[6] und man sprach gewiß nur das Notwendigste. Noch heute ist der Bauer schweigsam im Verhältnis zum Städter, der infolge seiner Sprachgewöhnung den Mund nicht halten kann und aus Langerweile schwatzt und Konversation macht, sobald er nichts zu tun hat, und ob er etwas zu sagen hat oder nicht.

Der ursprüngliche Zweck des Sprechens ist die *Durchführung einer Tat* nach Absicht, Zeit, Ort, Mitteln. Die klare, eindeutige Fassung derselben ist das Erste, und aus der Schwierigkeit, sich verständlich zu machen, den eigenen Willen anderen aufzuerlegen, ergibt sich die Technik der Grammatik, die Technik der Bildung von Sätzen und Satzarten, des richtigen Befehlens, Fragens, Antwortens, der Ausbildung von Wortklassen auf Grund der *praktischen, nicht der theoretischen* Absichten und Ziele. Das theoretische Nachdenken hat am Entstehen des Sprechens in Sätzen so gut wie gar keinen Anteil. Alles Sprechen ist praktischer Natur und geht vom »Denken der Hand« aus.

---

5   Der Begriff ist die Einordnung von Dingen, Lagen, Tätigkeiten in Klassen von *praktischer* Allgemeinheit. Der Pferdebesitzer sagt nicht »Pferd«, sondern Schimmelstute oder Rappfohlen, der Jäger nicht »Wildschwein«, sondern Keiler, Bache, Frischling.

6   Und sicher lernten erst Erwachsene fließend sprechen, wie noch viel später schreiben.

8

Das Tun zu mehreren nennen wir *Unternehmen. Sprechen und Unternehmen* setzen sich in genau derselben Weise gegenseitig voraus wie früher *Hand und Werkzeug.* Sprechen zu mehreren hat seine innere, grammatische Form an der Durchführung von Unternehmungen entwickelt, und die Gewohnheit des Unternehmens ist von der Methode des sprachgebundenen Denkens geschult worden. Denn Sprechen heißt, sich anderen *denkend mitteilen.* Wenn Sprechen ein Tun ist, so ist es ein geistiges Tun mit sinnlichen Mitteln. Es hat die unmittelbare Verbindung mit körperlichem Tun sehr bald nicht mehr nötig. Denn das ist das Neue, welches jetzt, seit dem 5. Jahrtausend v. Chr., Epoche macht: Das Denken, der Geist, der Verstand oder wie man das nennen will, was sich *durch* die Sprache von der Verbundenheit mit der tätigen Hand emanzipiert hat, tritt der Seele und dem Leben nun als eine *Macht für sich* entgegen. Die *rein geistige Überlegung,* die »*Berechnung*«, welche hier plötzlich, entscheidend, alles verändernd auftaucht, ist diese, daß gemeinsames Tun als *Einheit* eine Wirkung hat, als ob ein Riese etwas täte. Oder wie es Mephistopheles im Faust ironisch ausdrückt:

> Wenn ich sechs Hengste zahlen kann,
> Sind ihre Kräfte nicht die meine?
> Ich renne zu und bin ein rechter Mann,
> Als hätt' ich vierundzwanzig Beine.

Das Raubtier Mensch will seine Überlegenheit *bewußt* steigern, weit über die Grenzen seiner Körperkraft hinaus. Es opfert seinem Willen zu größerer Macht einen wichtigen Zug gerade *seines* Lebens. Das *Denken, das Berechnen der größeren Wirkung* ist das erste. Ihr zuliebe versteht man sich darauf, ein wenig von seiner persönlichen Freiheit aufzugeben. Innerlich bleibt man ja unabhängig. Aber kein Schritt in der Geschichte läßt sich zurücktun. Die Zeit und also das Leben sind *nicht* umkehrbar. Einmal an die Tätigkeit zu mehreren gewöhnt und an ihre Erfolge, verwickelt sich der Mensch immer tiefer in diese verhängnisvollen Bindungen. *Das unternehmende Denken* greift immer stärker in das Seelenleben ein. Der Mensch ist Sklave seines Gedankens geworden.

Der Schritt vom Gebrauch persönlicher Werkzeuge zum Unternehmen von mehreren bezeichnet eine ungeheuer wachsende *Künstlichkeit* der Verfahren. Das Arbeiten mit künstlichen *Stoffen*, das Töpfern, Weben und Flechten, will noch nicht viel besagen, obwohl es viel durchgeistigter, viel *schöpferischer* ist als alles frühere. Aber über zahlreiche Verfahren, von denen wir nichts mehr wissen können, ragen einige von gewaltiger Gedankenkraft hinaus, die Spuren hinterlassen haben. Vor allem sind es die, welche aus dem »*Gedanken des Bauens*« erwachsen sind. Wir kennen Bergwerke auf Feuerstein, lange vor aller Kenntnis der Metalle, in Belgien, England, Österreich, Sizilien, Portugal, die sicher bis in diese Zeit zurückreichen, mit Schächten und Stollen, Wetterführung und Abstützungen, in denen mit Werkzeugen aus Hirschgeweih gearbeitet wurde.[7] Es gibt in »frühneolithischer« Zeit starke Beziehungen zwischen Portugal und Nordwestspanien und der Bretagne unter Umgehung von Südfrankreich, zwischen der Bretagne und Irland, die eine geregelte Schiffahrt und also den Bau von leistungsfähigen Fahrzeugen unbekannter Art voraussetzen. Es gibt in Spanien Megalithbauten aus behauenen Steinen von gewaltiger Größe, mit Deckplatten im Gewicht von mehr als 100000 kg, die oft von weither herangeschafft und mit einer uns unbekannten Technik an ihren Platz gesetzt werden mußten. Macht man sich klar, was zu solchen Unternehmungen nötig ist an Nachdenken, Beratung, Aufsicht, Befehlen, an monate- und jahrelanger Vorbereitung zur Gewinnung und zum Heranbringen des Materials, zur zeitlichen und räumlichen Verteilung der Aufgaben, dem Entwerfen des Planes, zur Übernahme und Leitung der Ausführung? Welch langes Vorausdenken fordert das Unternehmen der Schiffahrt auf hoher See im Vergleich zur Herrichtung eines Feuersteinmessers! Schon der »zusammengesetzte Bogen«, der auf spanischen Felsbildern dieser Zeit vorkommt, verlangt zu seiner Herstellung aus wechselnden Lagen von Sehnenmasse, Horn und bestimmten Hölzern ein kompliziertes Verfahren, das sich über 5–7 Jahre ausdehnt. Und die »Erfindung des Wagens«, wie wir sehr naiv sagen, was setzt sie für ein Nachdenken, Anordnen und Tun voraus, das sich von Zweck, Weg und Art des »Fahrens«, der Wahl und Herstellung der *Straße*, an die meist niemand denkt, der Beschaffung oder Züchtung von Zugtieren bis zu Erwägungen über

---

7 Reall. d. Vorgeschichte, Bd. I (Bergbau).

Größe und Art der Belastung, deren Sicherung, über Lenkung und Unterkunft erstreckt!

Eine ganz andere Welt von Schöpfungen geht aus dem »*Gedanken des Zeugens*« hervor, nämlich der *Züchtung* von Pflanzen und Tieren, durch welche der Mensch selbst die Schöpferin Natur vertritt, nachahmt, verändert, verbessert und vergewaltigt. Seit er – damals – Pflanzen *anbaute*, statt sie zu sammeln, hat er sie sicherlich mit Bewußtsein für seine Zwecke umgestaltet. Jedenfalls gehören die Funde zu Arten, die wildwachsend nicht nachgewiesen sind. Und die ältesten Funde von Tierknochen, welche Viehhaltung in irgend einer Form beweisen, zeigen bereits die Folgen der »Domestikation«, die bestimmt zum Teil *gewollt* und durch Züchtung erreicht worden sind.[8] Der Begriff der Beute des Raubtieres erweitert sich: Nicht nur das erlegte Tier ist Beute und Eigentum, sondern schon die freiweidende Wildherde[9], ob man sie nun einhegt oder nicht.[10] Sie gehört jemandem, einem Stamm oder Jägertrupp, und dieser verteidigt sein Recht auf Ausbeutung. Die Überführung in Gefangenschaft zum Zweck der Züchtung, die den Anbau von Futtermitteln voraussetzt, ist nur eine von mehreren Arten des Besitzens.

Ich hatte gezeigt, daß die Entstehung der bewaffneten Hand die *logische* Trennung von zwei Verfahren zur Folge hatte: die Herstellung und den Gebrauch der Waffe. Ebenso folgt nun aus dem sprachgeleiteten Unternehmen die Trennung der Tätigkeiten des *Denkens* und der *Hand*. Bei jedem Unternehmen läßt sich *Ausdenken* und *Ausführen* unterscheiden, und von jetzt an ist die Leistung des praktischen Denkens die erste und wichtigste. *Es gibt Führerarbeit und ausführende Arbeit:* das ist für alle kommenden Zeiten die technische Grundform des gesamten menschlichen Lebens geworden.[11] Ob es sich um eine Jagd auf großes Wild oder einen Tempelbau, um ein kriegerisches oder landwirtschaftliches Unternehmen, die Gründung einer Firma oder eines Staates, um

8   Hilzheimer, Natürliche Rassengeschichte der Haussäugetiere (1926).

9   Wie heute der Wildbestand unserer Wälder.

10 Noch im 19. Jahrh. folgten Indianerstämme den großen Büffelherden, wie jetzt noch die Gauchos in Argentinien den Rinderherden, die Privateigentum sind. Das Nomadentum ist zum Teil so, aus der Seßhaftigkeit heraus, entstanden.

11 Untergang des Abendlandes Bd. II Kap. V § 2, 4.

einen Karawanenzug, einen Aufstand, selbst um ein Verbrechen handelt – immer muß zuerst ein unternehmender, erfinderischer Kopf da sein, der die Idee hat, die Ausführung leitet, der befiehlt, die Aufgaben verteilt, kurz, der zum Führer geboren ist über andere, die es nicht sind.

Es gibt aber nicht nur zwei Arten von Technik im Zeitalter des sprachgeleiteten Unternehmens, die von Jahrhundert zu Jahrhundert schärfer auseinandertreten, sondern auch *zwei Arten von Menschen*, die sich durch ihre Begabung für *eine* von ihnen unterscheiden. Es gibt bei jedem Verfahren eine Technik des Führens und eine andere der Ausführung, aber ebenso selbstverständlich gibt es *von Natur Befehlende und Gehorchende, Subjekte und Objekte der politischen oder wirtschaftlichen Verfahren.* Das ist die *Grundform* des vielgestaltig gewordenen menschlichen Lebens seit dieser Wandlung, die *nur mit dem Leben selbst* zu beseitigen ist.

Zugegeben, daß sie widernatürlich und künstlich ist – aber das *ist* ja »Kultur«. Sie mag verhängnisvoll sein und ist es zu Zeiten wirklich gewesen, weil man sich einbildete, sie *künstlich* beseitigen zu können, aber sie ist nichtsdestoweniger eine unerschütterliche *Tatsache.* Regieren, Entscheiden, Leiten, Befehlen ist eine *Kunst*, eine schwierige Technik, die wie jede andere eine angeborene Begabung voraussetzt. Nur Kinder glauben, daß der König mit der Krone zu Bette geht, und Untermenschen der Großstädte, Marxisten, Literaten, glauben von Wirtschaftsführern etwas Ähnliches. Unternehmen ist eine *Arbeit*, welche die Handarbeit erst möglich macht. Und ebenso ist das Erfinden, Ausdenken, Berechnen, Durchführen neuer Verfahren eine *schöpferische* Tätigkeit begabter Köpfe, welche die ausführende Tätigkeit der Unschöpferischen zur notwendigen Folge hat. Hierher gehört der etwas altmodische Unterschied von Genie und Talent. Genie ist – wörtlich[12] – die Schöpferkraft, der heilige Funke im einzelnen Leben, der in Strömen von Generationen rätselhaft auftaucht und erlischt und plötzlich ein Zeitalter weithin erleuchtet. Talent ist eine Begabung für *vorhandene* Einzelaufgaben, die sich durch Tradition, Lernen, Übung, Dressur zu starker Wirkung entwickeln läßt. Talent setzt Genie voraus, um angewendet werden zu können, nicht umgekehrt.

---

12 Es kommt vom lateinischen *genius,* der männlichen Zeugungskraft.

Es gibt zuletzt einen natürlichen *Rangunterschied* zwischen Menschen, die zum Herrschen und die zum Dienen geboren sind, zwischen Führern und Geführten *des Lebens*. Er ist schlechthin vorhanden und wird in gesunden Zeiten und Bevölkerungen von jedermann unwillkürlich anerkannt, als *Tatsache*, obgleich sich in Jahrhunderten des Verfalls die meisten zwingen, das zu leugnen oder nicht zu sehen. Aber gerade das Gerede von der »natürlichen Gleichheit aller« beweist, daß es hier etwas fortzubeweisen gibt.

9

Das sprachgeleitete Unternehmen ist nun mit einer gewaltigen Einbuße an Freiheit, der alten Freiheit des Raubtieres, verbunden – *für die Führer wie die Geführten*. Sie werden beide geistig, seelisch, mit Leib und Leben Glieder einer größeren Einheit. *Das nennen wir Organisation.* Es ist die Zusammenfassung des tätigen Lebens in feste Formen, das In-Form-sein für Unternehmungen irgendwelcher Art. Mit dem Tun zu mehreren erfolgt der entscheidende Schritt *vom organischen zum organisierten Dasein*, vom Leben in *natürlichen* zu dem in *künstlichen* Gruppen, vom Rudel zu Volk, Stamm, Stand und Staat.

Aus Raubtierkämpfen zwischen einzelnen ist der *Krieg* geworden, ein Unternehmen von Stamm gegen Stamm, mit Führern und Gefolgschaften, mit organisierten Märschen, Überfällen und Gefechten. Aus der Vernichtung des Besiegten wird das *Gesetz*, das dem Unterliegenden auferlegt wird. Das menschliche Recht ist immer ein *Recht des Stärkeren*, das der Schwächere zu befolgen hat,[13] und dieses Recht zwischen Stämmen als dauernd gedacht ist der »*Friede*«. Einen solchen Frieden gibt es auch *innerhalb* des Stammes, um seine Kräfte für Aufgaben nach außen hin verfügbar zu halten: *der Staat ist die innere Ordnung eines Volkes für den äußeren Zweck.* Der Staat ist als Form, als *Möglichkeit*, was die Geschichte eines Volkes als *Wirklichkeit* ist.[14] Geschichte aber ist *Kriegs*geschichte, damals wie heute. Politik ist nur der vorübergehende Ersatz des Krieges durch den Kampf mit geistigeren Waffen. Und die Mannschaft eines Volkes ist ursprünglich gleichbedeutend mit

13 Untergang d. Abendlandes Bd. II Kap. I § 15; Kap. IV § 6.

14 Ebenda.

seinem *Heer*. Der Charakter des freien Raubtieres ist in wesentlichen Zügen vom einzelnen auf das organisierte Volk übergegangen, *das Tier mit einer Seele und vielen Händen*.[15] Regierungs-, Kriegs- und diplomatische Technik haben dieselbe Wurzel und zu allen Zeiten eine tief innerliche Verwandtschaft.

Es gibt Völker, deren starke Rasse den Raubtiercharakter bewahrt hat, räuberische, erobernde, *Herren*völker, Liebhaber des Kampfes gegen *Menschen*, welche den wirtschaftlichen Kampf *gegen die Natur* den andern überlassen, um sie zu plündern und zu unterwerfen. Mit der Schiffahrt zugleich ist der Seeraub, mit dem Nomadenleben der Überfall auf Handelsstraßen, mit dem Bauerntum dessen Knechtung durch einen kriegerischen Adel gegeben.

Denn mit der Organisation zu Unternehmungen trennt sich auch die *politische* und die *wirtschaftliche* Seite des Lebens, die Richtung auf *Macht* oder auf *Beute*. Es gibt nicht nur eine Gliederung *innerhalb* der Völker nach Tätigkeiten, Krieger und Handwerker, Häuptlinge und Bauern, sondern auch die Organisation ganzer Stämme für einen *einzigen* wirtschaftlichen Beruf. Es muß damals schon Jäger-, Viehzüchter-, Bauernstämme gegeben haben, Bergbau-, Töpfer- und Fischerdörfer, politische Organisationen von Seefahrern und Händlern. Und darüber hinaus gibt es Eroberervölker *ohne* wirtschaftliche Arbeit. Je härter der Kampf um Macht und Beute, desto enger und strenger die Bindungen des einzelnen durch Recht und Gewalt.

In den Stämmen dieser frühen Art bedeutet das einzelne Leben wenig oder gar nichts. Man mache sich nur klar – die isländischen Sagas geben einen Einblick –, daß bei jeder Fahrt über See nur ein Teil der Schiffe ankommt, daß bei jedem großen Bau ein erheblicher Teil der Arbeitenden zugrunde geht, daß ganze Stämme in Zeiten der Trockenheit verhungern – es kommt nur darauf an, daß so viele übrig bleiben, um die *Seele* des Ganzen zu repräsentieren. Die *Zahl* wächst rasch wieder nach. Als Vernichtung empfindet man nicht den Untergang einzelner oder vieler, sondern *das Erlöschen der Organisation*, des »Wir«.

In dieser wachsenden gegenseitigen Abhängigkeit liegt die stille und tiefe Rache der Natur an dem Wesen, das ihr das Vorrecht auf Schöpfertum entriß. Dieser kleine Schöpfer *wider* die Natur, dieser Revolutio-

15 Und mit *einem* Kopf, nicht mit vielen.

när in der Welt des Lebens ist der *Sklave* seiner Schöpfung geworden. Die Kultur, der Inbegriff künstlicher, persönlicher, selbstgeschaffener Lebensformen, entwickelt sich zu einem Käfig mit engen Gittern für diese unbändige Seele. Das Raubtier, das andere Wesen zu Haustieren machte, um sie für sich auszubeuten, hat sich selbst gefangen. Das *Haus* des Menschen ist das große Symbol dafür.

Und seine wachsende Zahl, in welcher der einzelne sich bedeutungslos verliert. Denn das gehört zu den folgenschwersten Wirkungen menschlichen Unternehmergeistes, daß die Bevölkerung sich vervielfacht. Wo einst ein Rudel von wenigen hundert Köpfen schweifte, *sitzt* jetzt ein Volk von Zehntausenden.[16] Es gibt kaum noch menschenleere Räume. Volk grenzt an Volk, und die bloße *Tatsache* der Grenze, der Grenze eigener *Macht*, reizt die alten Instinkte zu Haß, Angriff und Vernichtung. Die Grenze jeder Art, auch die geistige, ist der Todfeind des Willens zur Macht.

Es ist nicht wahr, daß menschliche Technik Arbeit erspart. Es gehört zum Wesen der sich verändernden, persönlichen Menschentechnik im Gegensatz zur Gattungstechnik der Tiere, daß jede Erfindung die Möglichkeit und *Notwendigkeit* neuer Erfindungen enthält, daß jeder erfüllte Wunsch tausend andere weckt, jeder Triumph über die Natur zu noch größeren reizt. Die Seele dieses Raubtiers ist unersättlich, sein Wollen nie zu befriedigen – das ist der Fluch, der auf dieser Art von Leben liegt, aber auch die Größe in ihrem Schicksal. Ruhe, Glück, Genuß sind gerade den höchsten Exemplaren unbekannt. Und kein Erfinder hat je die *praktische* Wirkung seiner Tat richtig vorausgesehen. Je fruchtbarer die Führerarbeit ist, desto größer wird der Bedarf an ausführenden Händen. Deshalb beginnt man die Gefangenen feindlicher Stämme, statt sie zu töten, hinsichtlich ihrer Körperkraft auszubeuten. Das ist der Beginn der *Sklaverei*, die genau so *alt* sein muß wie die Sklaverei der Haustiere.

Diese Völker und Stämme vermehren sich gewissermaßen *nach unten*. Nicht die Zahl der »Köpfe« wächst, sondern die der Hände. Die Gruppe der Führernaturen *bleibt* klein. Es ist das Rudel der eigentlichen Raubtiere, *das Rudel der Begabten*, das über die wachsende *Herde* der andern in irgendeiner Weise verfügt.

16   Und *drängen* sich heute Millionen.

Aber selbst diese Herrschaft der wenigen ist von der alten Freiheit weit entfernt. Das liegt in dem Worte Friedrichs des Großen: »Ich bin der erste *Diener* meines Staates.« Deshalb der tiefe verzweifelte Drang der Ausnahmemenschen, *innerlich* frei zu bleiben. Euer und erst hier beginnt der *Individualismus als der Widerspruch gegen die Psychologie der »Masse«*. Es ist das letzte Aufbäumen der Raubtierseele gegen die Gefangenschaft in der Kultur, der letzte Versuch, sich der seelischen und geistigen *Einebnung* zu entziehen, die durch die Tatsache der großen Zahl bewirkt und dargestellt wird. Deshalb die Lebenstypen des Eroberers, des Abenteurers, des Einsiedlers, selbst ein gewisser Typus von Verbrechern und Bohemiens. Man will der Wirkung der saugenden Zahl entgehen, indem man sich über sie stellt, vor ihr flieht, sie verachtet. Die Idee der Persönlichkeit, dunkel beginnend, ist ein Protest gegen den Menschen der Masse. Die Spannung zwischen beiden wächst bis zum tragischen Ende.

Der Haß, das eigentliche Rassegefühl der Raubtiere, setzt voraus, daß man den Gegner *achtet*. Es liegt eine gewisse Anerkennung der Gleichheit des seelischen Ranges darin. Wesen, die tiefer stehen, *verachtet* man. Wesen, die selbst tief stehen, sind *neidisch*. Alle frühen Märchen, Göttermythen und Heldensagen sind voll von solchen Motiven. Der Adler haßt nur seinesgleichen. Er beneidet niemand, er verachtet viele, alle. Die Verachtung blickt aus der Höhe herab, der Neid schielt von unten herauf – es sind die *welthistorischen* Gefühle der zu Staaten und Ständen organisierten Menschheit, deren friedliche Exemplare ohnmächtig an den Stäben des Käfigs rütteln, der sie *zusammen* einschließt. Von dieser Tatsache und ihren Folgen kann *nichts* befreien. So war es, so wird es sein – oder es wird gar nichts mehr sein. Es hat einen Sinn, diese Tatsache zu achten oder zu verachten. Sie zu *verändern* ist unmöglich. Das Schicksal des Menschen ist im Laufe und muß sich vollenden.

Der Ausgang:

Aufstieg und Ende der Maschinenkultur

10

Die »Kultur« der bewaffneten Hand hatte einen langen Atem und hat die ganze Gattung Mensch ergriffen. Die »Kulturen des Sprechens und Unternehmens« – es sind bereits *mehrere*, die sich deutlich unterscheiden lassen –, diese Kulturen des beginnenden seelischen Gegensatzes zwischen Persönlichkeit und Masse, des herrschsüchtig werdenden »Geistes« und des von ihm vergewaltigten Lebens ergreifen nur noch einen *Teil* der Menschenwelt und sind heute, nach wenigen Jahrtausenden, längst alle erloschen und zersetzt. Was wir »Naturvölker« und »Primitive« nennen, sind nur die Reste des lebenden Materials, Ruinen einstiger durchseelter Formen, Schlacken, aus denen die Glut des Werdens und Vergehens entschwunden ist.

Aus diesem Boden wachsen seit 3000 v. Chr. hier und dort *die hohen Kulturen*[1] auf, Kulturen im engsten und größten Sinne, jede nur noch einen sehr kleinen Raum der Erdoberfläche erfüllend und von der Dauer kaum eines Jahrtausends. Es ist das Tempo der letzten Katastrophen. Jedes Jahrzehnt bedeutet etwas, jedes einzelne Jahr fast hat »ein Gesicht«. Es ist Weltgeschichte im eigentlichsten, anspruchsvollsten Sinne. Diese Gruppe von leidenschaftlichen Lebensläufen hat als ihr Symbol und ihre »Welt« die *Stadt* erfunden, gegenüber dem *Dorf* der vorauf gehenden Stufe, die steinerne Stadt als das Gehäuse des ganz künstlichen, von der mütterlichen Erde getrennten, *vollkommen* gegennatürlich gewordenen Lebens, die Stadt des wurzellosen Denkens, welche die Ströme des Lebens vom Lande an sich zieht und verbraucht.[2]

Dort entsteht die »*Gesellschaft*«[3] mit ihrer ständischen Rangordnung-Adlige, Priester, Bürger – gegenüber dem »groben Bauerntum« als die

60

1   Unterg. d. Abendl. I Kap. II § 6.
2   Unterg. d. Abendl. II Kap. II: Die Seele der Stadt.
3   Unterg. d. Abendl. II Kap. IV § 1 und 4.

künstliche Stufung des Lebens – die *natürliche* ist die in Starke und Schwache, Kluge und Dumme – und als Sitz einer vollkommen durchgeistigten Kulturentwicklung. Dort herrschen »Luxus« und »Reichtum«. Das sind Begriffe, die von denen, die nicht dazu gehören, neidisch mißverstanden werden. Aber Luxus ist nichts als Kultur in anspruchsvollster Form. Man denke an das Athen des Perikles, das Bagdad Harun al Raschids und an das Rokoko. Diese Kultur der Städte ist *durch und durch* Luxus, in allen Schichten und Berufen, um so reicher und reifer, je später die Zeiten werden, durch und durch künstlich, oh es sich nun um Künste der Diplomatie, der Lebensführung, des Schmückens, Schreibens und Denkens oder des Wirtschaftslebens handelt. Ohne wirtschaftlichen Reichtum, der sich in wenigen Händen sammelt, ist auch »Reichtum« an bildenden Künsten, an Geist, an vornehmer Sitte unmöglich, um von dem Luxus an Weltanschauungen, an theoretischem statt praktischem Denken zu schweigen. Wirtschaftliche Verarmung zieht geistige und künstlerische sofort nach sich.

Und in diesem Sinne sind auch die technischen Verfahren, die in der Gruppe dieser Kulturen heranreifen, geistiger Luxus, späte, süße, leichtverletzliche Früchte einer wachsenden Künstlichkeit und Durchgeistigung. Sie beginnen mit dem Bau der Gräberpyramiden Ägyptens und der sumerischen Tempeltürme Babyloniens, die im dritten Jahrtausend v. Chr. tief im Süden entstehen und lediglich den Sieg über schwere *Massen* bedeuten, und gehen über die Unternehmungen der chinesischen, indischen, antiken, der arabischen und mexikanischen Kultur bis zu denen der faustischen im zweiten Jahrtausend n. Chr. im hohen Norden, welche den Sieg über schwere *Probleme* reinen technischen Denkens darstellen.

Denn diese Kulturen wachsen *unabhängig* voneinander und in einer Folge auf, die von Süden nach Norden weist. Die faustische, westeuropäische Kultur ist *vielleicht* nicht die letzte, *sicherlich* aber die gewaltigste, leidenschaftlichste, durch ihren inneren Gegensatz zwischen umfassender Durchgeistigung und tiefster seelischer Zerrissenheit die tragischste von allen. Es ist möglich, daß noch ein matter Nachzügler kommt, etwa irgendwo in der Ebene zwischen Weichsel und Amur und im nächsten Jahrtausend, hier aber ist der Kampf zwischen der Natur und dem Menschen, der sich durch sein historisches Dasein gegen sie aufgelehnt hat, *praktisch zu Ende geführt worden.*

Die nordische Landschaft hat den Menschenschlag in ihr durch die Schwere der Lebensbedingungen, die Kälte, die beständige Lebensnot zu harten Rassen geschmiedet, mit einem bis aufs äußerste geschärften Geist, mit der kalten Glut einer unbändigen Leidenschaft im Kämpfen, Wagen, Vorwärtsdrängen – das, was ich *das Pathos der dritten Dimension* genannt habe.[4] Es sind noch einmal echte Raubtiere, deren Seelenkraft nach der Unmöglichkeit ringt, die Übermacht des Denkens, des organisierten künstlichen Lebens über das Blut zu brechen und in ein *Dienen* zu verwandeln, das Schicksal der freien Persönlichkeit zum *Sinn* der Welt zu erheben. Ein Wille zur Macht, der aller Grenzen von Zeit und Raum spottet, der das Grenzenlose, das Unendliche zum eigentlichen Ziel hat, unterwirft sich ganze Erdteile, umfaßt zuletzt den Erdball mit den Formen seines Verkehrs und seines Nachrichtenwesens und *verwandelt* ihn durch die Gewalt seiner praktischen Energie und die Ungeheuerlichkeit seiner technischen Verfahren.

Am Anfang jeder hohen Kultur bilden sich die beiden Urstände, Adel und Priestertum, als die Anfange der »Gesellschaft« über dem bäuerlichen Leben des flachen Landes.[5] Sie verkörpern Ideen, und zwar Ideen, die einander ausschließen. Der Adlige, Krieger, Abenteurer lebt in der Welt der *Tatsachen*, der Priester, Gelehrte, Philosoph in seiner Welt der *Wahrheiten*. Der eine erleidet oder ist ein *Schicksal*, der andere denkt in *Kausalitäten*. Jener will den Geist in den Dienst eines starken Lebens stellen, dieser sein Leben in den Dienst des Geistes. Nirgends hat der Gegensatz unversöhnlichere Formen angenommen als in der faustischen Kultur, in der das stolze Blut der Raubtiere sich zum letzten Male gegen die Tyrannei des reinen Denkens auflehnt. Von dem Kampf zwischen den Ideen des Kaisertums und Papsttums im 12. und 13. Jahrhundert an bis zum Kampf zwischen den Mächten einer vornehmen Rassetradition – Königtum, Adel, Heer – und den Theorien eines plebejischen Rationalismus, Liberalismus Sozialismus – von der französischen bis zur deutschen Revolution – wurde immer wieder die Entscheidung gesucht.

63
64

---

4   Unterg. d. Abendl. I Kap. III § 2 f., Kap. V § 3.

5   Unterg. d. Abend. II Kap. IV § 2.

Dieser Unterschied besteht in voller Größe zwischen den *Wikingern des Blutes* und den *Wikingern des Geistes* im Aufstieg der faustischen Kultur. Jene erreichen in unstillbarem Drang nach unendlichen Fernen vom hohen Norden aus 796 Spanien, 859 das Innere Rußlands, 861 Island und zur selben Zeit Marokko, von dort her die Provence und die Nähe von Rom, 865 über Kijew (Kaenugard) das Schwarze Meer und Byzanz, 880 das Kaspische Meer, 909 Persien. Sie besiedeln um 900 die Normandie und Island, um 980 Grönland, entdecken um 1000 Nordamerika. 1029 sind sie von der Normandie her in Unteritalien und Sizilien, 1034 von Byzanz aus in Griechenland und Kleinasien, 1066 erobern sie von der Normandie aus England.[6]

Mit derselben Kühnheit und demselben Hunger nach *geistiger* Macht und Beute dringen nordische Mönche des 13. und 14. Jahrhunderts in die Welt technisch-physikalischer Probleme ein. Hier ist nichts von der tatfremden müßigen Neugierde chinesischer, indischer, antiker und arabischer Gelehrten. Hier gibt es keine Spekulation mit dem Ziel, eine bloße »Theorie«, ein Bild zu erhalten von dem, was man nicht wissen kann. Zwar ist *jede* naturwissenschaftliche Theorie ein *Mythus des Verstandes* von den Mächten der Natur, und jede ist von der *zugehörigen* Religion durch und durch abhängig.[7] Hier aber, und hier allein, ist die Theorie von Anfang an *Arbeitshypothese*.[8] Eine Arbeitshypothese braucht nicht »richtig«, sie muß nur praktisch brauchbar sein. Sie will die Geheimnisse der Welt rings um uns her nicht enthüllen, sondern bestimmten Zwecken *dienstbar* machen. Deshalb die Forderung der *mathematischen* Methode, die von den Engländern Grosseteste (geb. 1175) und Roger Bacon (geb. um 1210), den Deutschen Albertus Magnus (geb. 1193) und Witelo (geb. 1220) erhoben wurde. Deshalb das *Experiment*, Bacons scientia experimentalis, die Befragung der Natur mit der *Folter*, mit Hebeln und Schrauben.[9] Experimentum enim solum certificat, wie Albertus Magnus schrieb. Es ist die Kriegslist geistiger Raubtiere. Sie

6   K. Th. Strasser, Wikinger und Normannen (1928).

7   Z. folg. Unterg. d. Abendl. Bd. I Kap. VI.

8   Ebenda Bd. II Kap. III § 19.

9   Ebenda Bd. II Kap. V § 6.

glaubten, daß sie »Gott erkennen« wollten, und wollten doch allein *die Kräfte der anorganischen Natur*, die unsichtbare Energie in allem, was geschieht, isolieren, faßbar, benutzbar machen. Die faustische Naturwissenschaft und diese allein ist *Dynamik*, gegenüber der Statik der Griechen und der Alchymie der Araber.[10] Nicht auf Stoffe, sondern auf Kräfte kommt es an. Die Masse selbst ist eine Funktion der Energie. Grosseteste entwickelt eine Theorie des Raumes als einer Funktion des Lichtes, Petrus Peregrinus eine Theorie des Magnetismus. In einer Handschrift von 1322 wird die kopernikanische Theorie von der Bewegung der Erde um die Sonne angedeutet, worauf fünfzig Jahre später Nikolaus von Oresme in »De coelo et mundo« diese Theorie klarer und tiefer begründet als Kopernikus selbst und in »De differentia qualitatum« die Fallgesetze Galileis und die Koordinatengeometrie von Descartes vorwegnimmt. Man erblickt in Gott nicht mehr den Herrn, der von seinem Thron aus die Welt regiert, sondern eine unendliche, kaum noch persönlich gedachte Kraft, die überall in der Welt gegenwärtig ist. Es war ein seltsamer Gottesdienst, diese experimentelle Erforschung der geheimen Kräfte durch fromme Mönche. Und, wie ein alter deutscher Mystiker sagte: Indem du Gott dienst, dient Gott dir.

Man hatte es satt, sich mit dem Dienste von Pflanzen, Tieren und Sklaven zu begnügen, die Natur ihrer Schätze zu berauben – der Metalle, Steine, Hölzer, Faserstoffe, des Wassers in Kanälen und Brunnen –, ihre Widerstände zu besiegen durch Schiffahrt, Straßen, Brücken, Tunnels und Deiche. Sie sollte nicht mehr in ihren Stoffen *geplündert*, sondern *in ihren Kräften selbst ins Joch gespannt* werden und Sklavendienste tun, um die Stärke des Menschen zu vervielfachen. Dieser ungeheuerliche Gedanke, so fremd allen andern, ist so alt wie die faustische Kultur. Schon im 10. Jahrhundert treffen wir technische Konstruktionen von einer ganz neuen Art. Schon Roger Bacon und Albertus Magnus haben über Dampfmaschinen, Dampfschiffe und Flugzeuge nachgedacht. Und viele grübelten in ihren Klosterzellen über der Idee des *Perpetuum mobile*.[11]

---

10   Ebenda Bd. I Kap. VI § 12.

11   Unterg. d. Abendl. Bd. II Kap. V: Die Maschine. – Epistola de Magnete des Petrus Peregrinus von 1269.

Dieser Gedanke ließ uns nicht wieder los. Das wäre der endgültige Sieg über Gott oder die Natur – deus sive natura – gewesen: Eine kleine selbstgeschaffene Welt, die sich wie die große aus *eigener* Kraft bewegt und nur dem Finger des Menschen gehorcht. *Selbst* eine Welt erbauen, *selbst* Gott sein – das war der faustische Erfindertraum, aus dem von da an alle Entwürfe von Maschinen hervorgingen, die sich dem unerreichbaren Ziel des Perpetuum mobile so sehr als möglich näherten. Der Begriff der Beute des Raubtieres wird zu Ende gedacht. Nicht dies und das, wie das Feuer, das Prometheus stahl, sondern die Welt selbst wird *mit* dem Geheimnis ihrer Kraft als Beute davongeschleppt, hinein in den Bau dieser Kultur. Wer nicht selbst von diesem Willen zur Allmacht über die Natur besessen war, mußte das als teuflisch empfinden, und man hat die Maschine stets als die Erfindung des Teufels empfunden und gefürchtet. Mit Roger Bacon beginnt die lange Reihe derjenigen, die als Zauberer und Ketzer zugrunde gingen.

Aber die Geschichte der westeuropäischen Technik schritt vorwärts. Um 1500 beginnt mit Vasco da Gama und Kolumbus eine neue Reihe von Wikingerzügen. Neue Reiche werden in West- und Ostindien geschaffen oder erobert und ein Strom von Menschen nordischen Blutes[12] ergießt sich nach Amerika, wo einst die Islandfahrer vergeblich gelandet waren. Und gleichzeitig werden die Wikingerfahrten des Geistes in gewaltigem Maßstabe fortgesetzt. Schießpulver und Buchdruck werden erfunden. Seit Kopernikus und Galilei folgen unzählige technische Verfahren aufeinander, die sämtlich den Sinn hatten, anorganische Kraft aus der Umwelt zu isolieren und an der Stelle von Tieren und Menschen Arbeit leisten zu lassen.

Die Technik ist mit den wachsenden Städten *bürgerlich* geworden. Der Nachfolger jener gotischen Mönche war der weltlich gelehrte Erfinder, *der wissende Priester der Maschine.* Mit dem Rationalismus endlich wird der »Glaube an die Technik« fast zur materialistischen Religion: Die Technik ist ewig und unvergänglich wie Gott Vater; sie erlöst die Menschheit wie der Sohn; sie erleuchtet uns wie der Heilige Geist. Und

12 Denn auch was aus Spanien, Portugal und Frankreich hinüberwandert, sind sicherlich zum größten Teil Nachkommen der Eroberer aus der Völkerwanderung gewesen. Was zurückblieb, war der Menschenschlag, der schon Kelten, Römer und Sarazenen überdauert hatte.

ihr Anbeter ist der Fortschrittsphilister der Neuzeit, von Lamettrie bis Lenin.

In Wirklichkeit hat die Leidenschaft des Erfinders mit ihren Folgen *gar nichts* zutun. Sie ist sein *persönlicher* Lebenstrieb, sein *persönliches* Glück und Leiden. Er will *für sich* den Triumph über schwierige Probleme genießen, den Reichtum und Ruhm, den ihm der Erfolg einbringt. Ob seine Erfindung nützlich oder verhängnisvoll ist, schaffend oder zerstörend, das ficht ihn nicht an, selbst wenn irgendein Mensch imstande wäre, das von Anfang an zu wissen. Aber die *Wirkung* einer »technischen Errungenschaft der Menschheit« sieht *niemand* voraus, abgesehen davon, daß »die Menschheit« nie etwas erfunden hat. Chemische Erfindungen wie die Synthese des Indigo und in kurzer Zeit wahrscheinlich die des künstlichen Gummi zerstören die Lebensbedingungen ganzer Länder, die elektrische Kraftübertragung und die Erschließung der Wasserkräfte haben die alten Kohlengebiete Europas *samt ihrer Bevölkerung* entwertet. Haben solche Überlegungen je einen Erfinder dahin gebracht, sein Werk zu vernichten? Dann kennt man die Raubtiernatur des Menschen schlecht. Alle großen Erfindungen und Unternehmungen stammen aus der Freude starker Menschen am Sieg. Sie sind Ausdruck der *Persönlichkeit* und nicht des Nützlichkeitsdenkens der Massen, die nur *zusehen*, aber die Folgen hinnehmen müssen, wie sie auch sind.

Und diese Folgen sind ungeheuerlich. Die kleine Schar der geborenen Führer, der Unternehmer und Erfinder, zwingt die Natur, eine Arbeit zu leisten, die nach Millionen und Milliarden von – Pferdekräften bemessen wird und der gegenüber das Quantum menschlicher Körperkraft nichts mehr bedeutet. Man versteht die Geheimnisse der Natur so wenig als je, aber man kennt die Arbeitshypothese, die nicht »wahr«, sondern nur zweckmäßig ist, mit deren Hilfe man sie zwingt, dem menschlichen Befehl, dem leisesten Druck auf einen Knopf oder Hebel zu *gehorchen*. Das Tempo der Erfindungen wächst ins Phantastische, und trotzdem, es muß immer wieder gesagt werden, es wird dabei *nichts* von menschlicher Arbeit gespart. Die Zahl der notwendigen Hände *wächst* mit der Zahl der Maschinen, weil der technische Luxus jede andere Art von Luxus steigert[13] und weil das künstliche Leben immer künstlicher wird.

Seit der Erfindung der Maschine, der listigsten aller Waffen gegen die Natur, die überhaupt möglich ist, haben Unternehmer und Erfinder die Zahl der Hände, deren sie bedürfen, im wesentlichen auf deren *Herstellung* verwendet. Die *Arbeit* der Maschine wird von der anorganischen Kraft geleistet, der Spannkraft von Dampf oder Gas, der Elektrizität und der Wärme, die aus oder durch Kohle, Erdöl und Wasser befreit werden. Aber damit ist die seelische Spannung zwischen Führern und Geführten gefährlich gewachsen. Man versteht einander nicht mehr. Die frühesten »Unternehmungen« der vorchristlichen Jahrtausende forderten die *verstehende* Mitarbeit aller, die wußten und fühlten, um was es ging. Es war eine Art Kameradschaft dabei, wie heute auf der Treibjagd und beim Sport. Schon bei den großen Bauten im frühen Ägypten und Babylonien kann das nicht mehr der Fall gewesen sein. Der einzelne Arbeiter begriff weder das Ziel noch den Zweck des ganzen Verfahrens. Sie waren ihm auch gleichgültig, vielleicht verhaßt. »Arbeit« war ein *Fluch*, wie es die Paradieserzählung am Anfang der Bibel darstellt. Jetzt aber, seit dem 18. Jahrhundert, arbeiten die zahllosen »Hände« an Dingen, von deren tatsächlicher Rolle im Leben, auch im eigenen, sie gar nichts mehr wissen und an deren Gelingen sie gar keinen inneren Anteil nehmen. Eine seelische Verödung greift um sich, eine trostlose Gleichförmigkeit ohne Höhen und Tiefen, die Erbitterung weckt – gegen das Leben der *Begabten*, die schöpferisch *geboren* sind. Man will es nicht sehen, man versteht es nicht mehr, daß Führerarbeit die *härtere* Arbeit ist, daß das eigene Leben von ihrem Gelingen *abhängt*. Man fühlt nur, daß diese Arbeit *glücklich* macht, daß sie die Seele beschwingt und bereichert, und *darum* haßt man sie.

12

In der Tat aber vermögen weder die Köpfe noch die Hände etwas an. dem Schicksal der Maschinentechnik zu ändern, die sich aus innerer, seelenhafter Notwendigkeit entwickelt hat und nun der Vollendung,

13 Man vergleiche das Leben von Arbeitern um 1700 und 1900 und die Lebenshaltung städtischer Arbeiter überhaupt mit der von Bauern.

dem Ende entgegenreift. Wir stehen heute auf dem Gipfel, dort, wo der fünfte Akt beginnt. Die letzten Entscheidungen fallen. Die Tragödie schließt.

Jede hohe Kultur *ist* eine Tragödie; die Geschichte des Menschen *im Ganzen* ist tragisch. Der Frevel und Sturz des faustischen Menschen aber ist größer als alles, was Äschylus und Shakespeare je geschaut haben. Die Schöpfung erhebt sich gegen den Schöpfer: Wie einst der Mikrokosmos Mensch gegen die Natur, so empört sich jetzt der Mikrokosmos Maschine gegen den nordischen Menschen. Der Herr der Welt wird zum Sklaven der Maschine. Sie zwingt ihn, uns, und zwar alle ohne Ausnahme, ob wir es wissen und wollen oder nicht, in die Richtung ihrer Bahn. Der gestürzte Sieger wird von dem rasenden Gespann zu Tode geschleift.

Zu Beginn des 20. Jahrhunderts sieht die »Welt« auf diesem kleinen Planeten so aus: Eine Gruppe von Nationen nordischen Blutes unter der Führung von Engländern, Deutschen, Franzosen und Yankees beherrscht die Lage. Ihre politische Macht beruht auf ihrem *Reichtum*, und ihr Reichtum besteht in der Stärke ihrer *Industrie*. Diese aber ist an das Dasein von Kohle gebunden. Die Lage der erschlossenen Kohlengebiete sichert vor allem den germanischen Völkern beinahe das Monopol und führt zu einer Vermehrung der Bevölkerung, die in der gesamten Geschichte ohne Beispiel ist. Auf dem Rücken der Kohle und an den Knotenpunkten der von ihr ausstrahlenden Verkehrswege sammelt sich eine Menschenmasse von ungeheurem Ausmaß, die von der Maschinentechnik *gezüchtet* ist, für sie arbeitet und von ihr lebt. Die übrigen Völker werden, ob in der Gestalt von Kolonien oder als scheinbar unabhängige Staaten, in der Rolle von Rohstofferzeugern und Abnehmern erhalten. Diese Verteilung wird gesichert durch Heere und Flotten, deren Unterhalt den *Reichtum von Industrieländern* voraussetzt, und die infolge ihrer technischen Durchbildung selbst Maschinen geworden sind und auf einen Fingerdruck hin »arbeiten«. Wieder zeigt sich die tiefe Verwandtschaft, ja fast Identität von Politik, Krieg und Wirtschaft. Der *Grad* der militärischen Macht ist vom *Rang* der Industrie abhängig. Industriearme Länder sind arm *überhaupt*, also können sie kein Heer und keinen Krieg bezahlen, also sind sie politisch ohnmächtig, also sind die Arbeiter in ihnen, Führer wie Geführte, Objekte der Wirtschaftspolitik ihrer Gegner.

Gegenüber den Massen ausführender Hände, die der mißgünstige »Blick der Kleinen« allein sieht, wird der *steigende Wert der Führerarbeit* weniger schöpferischer Köpfe, der Unternehmer, Organisatoren, Erfinder, Ingenieure, nicht mehr begriffen und gewürdigt,[14] am meisten noch im praktischen Amerika, am wenigsten im Deutschland der »Dichter und Denker«. Der alberne Satz: »Alle Räder stehen still, wenn dein starker Arm es will« umnebelt die Gehirne von Schwätzern und Schreibern. *Das* kann auch ein Ziegenbock, der ins Getriebe gerät. Aber diese Räder erfinden und beschäftigen, damit jener »starke Arm« sich ernähren kann, das vermögen nur wenige, die dazu *geboren* sind.

Diese Unverstandenen und Verhaßten, das Rudel der starken Persönlichkeiten, haben eine *andere* Psychologie. Sie kennen noch das Triumphgefühl des Raubtieres, das die zuckende Beute unter den Klauen hält, das Gefühl des Kolumbus, als am Horizont das Land erschien, das Gefühl Moltkes bei Sedan, als er am Nachmittag von der Höhe von Frénois aus beobachtete, wie sich der Ring seiner Artillerie bei Illy schloß und damit den Sieg vollendete. Solche Augenblicke, der Gipfel dessen, was ein Mensch erleben *kann*, sind die, in denen ein großes Schiff vor den Augen seines Erbauers die Helling verläßt, eine neu erfundene Maschine tadellos zu arbeiten beginnt, oder der erste Zeppelin sich vom Boden erhob.

Aber das gehört zur Tragik dieser Zeit, daß das entfesselte menschliche Denken seine eigenen Folgen nicht mehr zu erfassen vermag. Die Technik ist esoterisch geworden wie die höhere Mathematik, deren sie sich bedient, wie die physikalische Theorie, die bei ihrem Zerdenken von Abstraktionen der Erscheinung bis zu den reinen Grundformen menschlichen Erkennens vorgedrungen ist, ohne es recht zu bemerken.[15] Die *Mechanisierung der Welt* ist in ein Stadium gefährlichster Überspannung eingetreten. Das Bild der Erde mit ihren Pflanzen, Tieren und Menschen hat sich verändert. In wenigen Jahrzehnten sind die meisten großen Wälder verschwunden, in Zeitungspapier verwandelt worden und damit Veränderungen des Klimas eingetreten, welche die Landwirtschaft ganzer Bevölkerungen bedrohen; unzählige Tierarten sind wie der Büffel ganz oder fast ganz ausgerottet, ganze Menschenrassen wie

14 Unterg. d. Abendl. Bd. II Kap. V § 7.

15 Unterg. d. Abendl. Bd. I Kap. VI § 14–15.

die nordamerikanischen Indianer und die Australier beinahe zum Verschwinden gebracht worden.

Alles Organische erliegt der um sich greifenden Organisation. Eine künstliche Welt durchsetzt und vergiftet die natürliche. Die Zivilisation 78 ist selbst eine Maschine geworden, die alles maschinenmäßig tut oder tun will. Man denkt nur noch in Pferdekräften. Man erblickt keinen Wasserfall mehr, ohne ihn in Gedanken in elektrische Kraft umzusetzen. Man sieht kein Land voll weidender Herden, ohne an die Auswertung ihres Fleischbestandes zu denken, kein schönes altes Handwerk einer urwüchsigen Bevölkerung ohne den Wunsch, es durch ein modernes technisches Verfahren zu ersetzen. Ob es einen Sinn hat oder nicht, das technische Denken *will* Verwirklichung. Der *Luxus der Maschine* ist die Folge eines Denkzwanges. Die Maschine ist letzten Endes ein *Symbol*, wie ihr geheimes Ideal, das Perpetuum mobile, eine seelisch-geistige, aber keine vitale Notwendigkeit.

Sie beginnt der wirtschaftlichen Praxis vielfach zu widersprechen. Der Zerfall meldet sich schon allenthalben. Die Maschine hebt ihren Zweck durch ihre Zahl und ihre Verfeinerung zuletzt auf. Das Automobil hat sich in den großen Städten durch seine Massenhaftigkeit um die Wirkung gebracht und man kommt schneller zu Fuß vorwärts. In Argentinien, Java und anderswo erweist sich der einfache Pferdepflug der kleinen Besitzer den großen Motoren gegenüber als wirtschaftlich überlegen und verdrängt sie wieder. Schon ist in vielen tropischen Ge- 79 bieten der farbige Bauer mit seiner primitiven Arbeitsweise ein gefährlicher Konkurrent des modernen technischen Plantagenbetriebes der Weißen geworden. Und der weiße Industriearbeiter im alten Europa und Nordamerika beginnt mit seiner Arbeit fragwürdig zu werden.

Es ist Torheit, wie es im 19. Jahrhundert Mode war, von der drohenden Erschöpfung der Kohlenlager in wenigen Jahrhunderten und deren Folgen zu reden. Auch das war materialistisch gedacht. Abgesehen davon, daß heute schon Erdöl und Wasserkraft als anorganische Kraftreserven von größtem Umfang herangezogen sind, würde technisches Denken sehr bald noch ganz andere Quellen entdecken und erschließen. Aber es handelt sich gar nicht um solche Zeiträume. Die westeuropäisch-amerikanische Technik wird *früher* zu Ende sein. Kein platter Umstand wie der Mangel an Stoffen würde diese gewaltige Entwicklung aufhalten können. Solange der in ihr wirkende *Gedanke* auf der Höhe ist, wird er immer die Mittel zu seinen Zwecken zu schaffen wissen.

Aber wie lange *wird* er auf der Höhe sein? Um auch nur den gegenwärtigen Bestand an technischen Verfahren, und Anlagen auf dem gleichen Niveau zu erhalten, sind, sagen wir, 100000 hervorragende Köpfe nötig, Organisatoren, Erfinder und Ingenieure. Es müssen starke, sogar schöpferische Begabungen sein, für ihre Sache begeistert und mit eisernem Fleiß und großen Kosten durch Jahre hindurch daraufhin ausgebildet. In der Tat haben seit 50 Jahren die meisten starken Begabungen unter der Jugend der weißen Völker eine vorherrschende Neigung gerade für diesen Beruf empfunden. Schon die Knaben spielten mit technischen Dingen. In den städtischen Schichten und Familien, deren Söhne hier vorwiegend in Betracht kommen, waren Wohlstand, eine Tradition geistiger Berufe und verfeinerte Kultur vorhanden, die normalen Voraussetzungen für die Ausbildung dieses reifen und späten Produktes, des technischen Denkens.

Das wendet sich seit Jahrzehnten immer deutlicher, in allen Ländern mit großer und alter Industrie. Das faustische Denken beginnt der Technik satt zu werden. Eine Müdigkeit verbreitet sich, eine Art Pazifismus im Kampfe gegen die Natur. Man wendet sich zu einfacheren, naturnäheren Lebensformen, man treibt Sport statt technischer Versuche, man haßt die großen Städte, man möchte aus dem Zwang seelenloser Tätigkeiten, aus der Sklaverei der Maschine, aus der klaren und kalten Atmosphäre technischer Organisation heraus. Gerade die starken und schöpferischen Begabungen wenden sich von praktischen Problemen und Wissenschaften ab und der reinen Spekulation zu. Okkultismus und Spiritismus, indische Philosophien, metaphysische Grübeleien christlicher oder heidnischer Färbung, die man zur Zeit des Darwinismus verachtete, tauchen wieder auf. Es ist die Stimmung Roms zur Zeit des Augustus. Aus Lebensüberdruß flüchtet man aus der Zivilisation in primitivere Erdteile, ins Landstreichertum, in den Selbstmord. *Die Flucht der geborenen Führer vor der Maschine beginnt.* Bald werden nur noch Talente zweiten Ranges, Nachzügler einer großen Zeit, verfügbar sein. Jeder große Unternehmer stellt die Abnahme der geistigen Qualitäten des Nachwuchses fest. Aber die großartige technische Entwicklung des 19. Jahrhunderts war nur auf Grund des beständig *steigenden* geistigen Niveaus möglich gewesen. Nicht die Abnahme allein, schon der Still-

stand ist gefährlich und weist auf ein Ende, mögen noch soviel gutge-
schulte Hände zur Arbeit bereit sein.

Aber wie steht es *damit*? Die Spannung zwischen Führerarbeit und 82
ausführender Arbeit hat den Grad einer Katastrophe erreicht. Die Bedeutung der ersteren und der wirtschaftliche Wert jeder echten *Persönlichkeit* in ihr ist so groß geworden, daß sie den meisten von unten her
nicht mehr sichtbar und verständlich ist. In der andern, der Arbeit der
Hände, ist der einzelne nun *ganz* ohne Bedeutung. Nur die Zahl hat
noch Wert. Das Wissen um diese *unabänderliche* Lage, das von egoisti-
schen Rednern und Schreibern gereizt, vergiftet und finanziell ausgebeu-
tet wird, ist so trostlos, daß eine Auflehnung gegen die Rolle, welche
die Maschine, nicht deren Besitzer, den meisten zuweist, menschlich
genug ist. Es beginnt in zahllosen Formen, vom Attentat über den Streik
bis zum Selbstmord, *die Meuterei der Hände gegen ihr Schicksal*, gegen
die Maschine, gegen das organisierte Leben, zuletzt gegen alle und alles.
Die Organisation der Arbeit, wie sie seit Jahrtausenden *im Begriff des
Tuns zu mehreren*[16] liegt, und welche den Unterschied von Führern
und Geführten, von Köpfen und Händen zur *Grundlage* hat, wird von
unten her aufgelöst. Aber »Masse« ist nur eine *Verneinung*, und zwar
des Begriffes der Organisation, nichts was für sich lebensfähig wäre. 83
Ein Heer ohne Offiziere ist nur ein überflüssiger und verlorener Men-
schenhaufe.[17] Ein Gewirr von Ziegeltrümmern und Eisenfragmenten
ist kein Gebäude mehr. Diese Meuterei rings auf der Erde droht die
Möglichkeit technisch-wirtschaftlicher Arbeit aufzuheben. Die Führer
können fliehen, aber die überflüssig gewordenen Geführten sind verlo-
ren. Ihre Zahl bedeutet ihren Tod.

Das dritte und schwerste Symptom des beginnenden Zusammen-
bruchs aber liegt in dem, was ich den *Verrat an der Technik* nennen
möchte. Es handelt sich um Dinge, die jeder kennt, die aber nie in dem
Zusammenhang gesehen werden, der erst ihren verhängnisvollen Sinn
offenbart. Die ungeheure Überlegenheit Westeuropas und Nordamerikas
in der zweiten Hälfte des vorigen Jahrhunderts an Macht jeder Art,

---

16 S. 44 ff.

17 Die Sowjetherrschaft versucht seit 15 Jahren nichts anderes, als unter
    neuen Namen die politischen, militärischen und wirtschaftlichen Organi-
    sationen wiederherzustellen, die sie zerstört hat.

wirtschaftlicher, politischer, militärischer, finanzieller Macht, beruht auf einem unbestrittenen Monopol der Industrie. Große Industrien gab es nur im Zusammenhang mit Kohlenlagern *in diesen nordischen Ländern.* Der Rest der Welt war Absatzgebiet, und die Kolonialpolitik wirkte stets in der Richtung der Erschließung neuer Absatz- und Rohstoff-, nicht Produktionsgebiete. Kohle gab es auch anderswo, aber nur der »weiße« Ingenieur hätte sie erschließen können. Wir waren im Alleinbesitz nicht der Stoffe, sondern der *Methoden* und der *Gehirne,* die zu deren Anwendung geschult waren. *Darauf* beruht die luxuriöse Lebenshaltung des weißen Arbeiters, *der im Vergleich zum farbigen*[18] *fürstliche Einnahmen besitzt,* ein Umstand, den der Marxismus zu seinem Verderben unterschlagen hat. Das rächt sich heute, wo *von hier aus* das Problem der Arbeitslosigkeit in die Entwicklung geworfen wird. Der Lohn des weißen Arbeiters, heute eine Gefahr für sein *Leben,* beruht in seiner Höhe ausschließlich auf dem Monopol, das die Führer der Industrie um ihn herum aufgerichtet hatten.[19]

Da beginnt am Ende des Jahrhunderts der blinde Wille zur Macht entscheidende Fehler zu begehen. Statt das technische Wissen geheim zu halten, den größten Schatz, den die »weißen« Völker besaßen, wurde es auf allen Hochschulen, in Wort und Schrift prahlerisch aller Welt dargeboten, und man war stolz auf die Bewunderung von Indern und Japanern. Die bekannte »Industriezerstreuung« setzt ein, auch aus der Überlegung, daß man die Produktion dem Abnehmer nähern müsse, um größere Gewinne zu erzielen. Es beginnt statt des Exports ausschließlich von Produkten der Export von Geheimnissen, von Verfahren, Methoden, Ingenieuren und Organisatoren. Selbst Erfinder wandern aus. Der Sozialismus, der sie in sein Joch spannen möchte, *vertreibt* sie. Alle »Farbigen« sahen in das Geheimnis unserer Kraft hinein, begriffen es und nützten es aus. Die Japaner wurden binnen 30 Jahren technische Kenner ersten Ranges und bewiesen im Kriege gegen Rußland eine kriegstechnische Überlegenheit, von welcher ihre Lehrmeister lernen konnten. Heute sind allenthalben, in Ostasien, Indien, Südamerika,

18   Ich verstehe unter »Farbigen« auch die Bewohner Rußlands und eines Teils von Süd- und Südosteuropa.

19   Schon die Spannung zwischen dem Lohn eines Knechtes auf dem Lande und dem Einkommen eines Metallarbeiters beweist das.

Südafrika, Industriegebiete entstanden oder in Bildung begriffen, die infolge ihrer niedrigen Löhne eine tödliche Konkurrenz darstellen. Die unersetzlichen *Vorrechte* der weißen Völker sind verschwendet, verschleudert, verraten worden. Die Gegner haben ihre Vorbilder erreicht, vielleicht mit der Verschmitztheit farbiger Rassen und der überreifen Intelligenz uralter Zivilisationen übertroffen. Wo es Kohle, Erdöl und Wasserkräfte gibt, kann eine neue Waffe gegen das Herz der faustischen Kultur geschmiedet werden. Hier beginnt die Rache der ausgebeuteten Welt gegen ihre Herren. Mit den unzähligen Händen der Farbigen, die ebenso geschickt und viel anspruchsloser arbeiten, wird die Grundlage der weißen wirtschaftlichen Organisation erschüttert. Der *gewohnte* Luxus des weißen Arbeiters gegenüber dem Kuli wird zu seinem Verhängnis. Die weiße Arbeit *selbst* wird überflüssig. Die gewaltigen Massen auf der nordischen Kohle, die Industrieanlagen, das angelegte Kapital, ganze Städte und Landstriche drohen der Konkurrenz zu erliegen. Das Schwergewicht der Produktion verlagert sich unaufhaltsam, nachdem der Weltkrieg auch der Achtung der Farbigen vor dem Weißen ein Ende gemacht hat. *Das* ist der letzte Grund der Arbeitslosigkeit in den weißen Ländern, die keine Krise ist, sondern *der Beginn einer Katastrophe.*

Für die Farbigen aber – die Russen sind hier immer einbegriffen – ist die faustische Technik kein inneres Bedürfnis. Nur der faustische Mensch denkt, fühlt und *lebt* in ihrer Form. Sie ist ihm *seelisch* nötig, nicht ihre wirtschaftlichen Folgen, sondern ihre *Siege*: navigare necesse est, vivere non est necesse. Für »Farbige« ist sie nur eine Waffe im Kampf gegen die faustische Zivilisation, eine Waffe wie ein Baumast im Walde, den man fortwirft, wenn er seinen Zweck erfüllt hat. Diese Maschinentechnik ist mit dem faustischen Menschen zu Ende und wird eines Tages zertrümmert und *vergessen* sein – Eisenbahnen und Dampfschiffe so gut wie einst die Römerstraßen und die chinesische Mauer, unsere Riesenstädte mit ihren Wolkenkratzern ebenso wie die Paläste des alten Memphis und Babylon. Die Geschichte dieser Technik nähert sich schnell dem unausweichlichen Ende. Sie wird von innen her verzehrt werden wie alle großen Formen irgendeiner Kultur. Wann und in welcher Weise wissen wir nicht.

Angesichts dieses Schicksals gibt es nur eine Weltanschauung, die unser würdig ist, die schon genannte des Achill: Lieber ein kurzes Leben voll Taten und Ruhm als ein langes ohne Inhalt. Die Gefahr ist so groß geworden, für jeden einzelnen, jede Schicht, jedes Volk, daß es kläglich ist, sich etwas vorzulügen. Die Zeit läßt sich nicht anhalten; es gibt keine weise Umkehr, keinen klugen Verzicht. Nur Träumer glauben an Auswege. Optimismus ist *Feigheit*.

Wir sind in diese Zeit geboren und müssen tapfer den Weg zu Ende gehen, der uns bestimmt ist. Es gibt keinen andern. Auf dem verlorenen Posten ausharren ohne Hoffnung, ohne Rettung, ist Pflicht. Ausharren wie jener römische Soldat, dessen Gebeine man vor einem Tor in Pompeji gefunden hat, der starb, weil man beim Ausbruch des Vesuv vergessen hatte, ihn abzulösen. Das ist Größe, das heißt Rasse haben. Dieses ehrliche Ende ist das einzige, das man dem Menschen *nicht*
nehmen kann.

Karl-Maria Guth (Hg.)

Erzählungen aus dem Biedermeier

HOFENBERG

Karl-Maria Guth (Hg.)

Erzählungen aus dem Biedermeier II

HOFENBERG

Karl-Maria Guth (Hg.)

Erzählungen aus dem Biedermeier III

HOFENBERG

Erzählungen aus dem Biedermeier

Biedermeier - das klingt in heutigen Ohren nach langweiligem Spießertum, nach geschmacklosen rosa Teetässchen in Wohnzimmern, die aussehen wie Puppenstuben und in denen es irgendwie nach »Omma« riecht.

Zu Recht. Aber nicht nur.

Biedermeier ist auch die Zeit einer zarten Literatur der Flucht ins Idyll, des Rückzuges ins private Glück und der Tugenden. Die Menschen im Europa nach Napoleon hatten die Nase voll von großen neuen Ideen, das aufstrebende Bürgertum forderte und entwickelte eine eigene Kunst und Kultur für sich, die unabhängig von feudaler Großmannssucht bestehen sollte.

Georg Büchner Lenz **Karl Gutzkow** Wally, die Zweiflerin **Annette von Droste-Hülshoff** Die Judenbuche **Friedrich Hebbel** Matteo **Jeremias Gotthelf** Elsi, die seltsame Magd **Georg Weerth** Fragment eines Romans **Franz Grillparzer** Der arme Spielmann **Eduard Mörike** Mozart auf der Reise nach Prag **Berthold Auerbach** Der Viereckig oder die amerikanische Kiste

ISBN 978-3-8430-1884-5, 444 Seiten, 29,80 €

Erzählungen aus dem Biedermeier II

Annette von Droste-Hülshoff Ledwina **Franz Grillparzer** Das Kloster bei Sendomir **Friedrich Hebbel** Schnock **Eduard Mörike** Der Schatz **Georg Weerth** Leben und Taten des berühmten Ritters Schnapphahnski **Jeremias Gotthelf** Das Erdbeerimareili **Berthold Auerbach** Lucifer

ISBN 978-3-8430-1885-2, 440 Seiten, 29,80 €

Erzählungen aus dem Biedermeier III

Eduard Mörike Lucie Gelmeroth **Annette von Droste-Hülshoff** Westfälische Schilderungen **Annette von Droste-Hülshoff** Bei uns zulande auf dem Lande **Berthold Auerbach** Brosi und Moni **Jeremias Gotthelf** Die schwarze Spinne **Friedrich Hebbel** Anna **Friedrich Hebbel** Die Kuh **Jeremias Gotthelf** Barthli der Korber **Berthold Auerbach** Barfüßele

ISBN 978-3-8430-1886-9, 452 Seiten, 29,80 €